Psíquico

Una guía de desarrollo psíquico para aprovechar su habilidad para la telepatía, la intuición, la lectura del aura, la clarividencia, la sanación y la comunicación con sus guías espirituales

© Copyright 2020

Todos los derechos reservados. Ninguna parte de este libro puede ser reproducida de ninguna forma sin el permiso escrito del autor. Los revisores pueden citar breves pasajes en las reseñas.

Descargo de responsabilidad: Ninguna parte de esta publicación puede ser reproducida o transmitida de ninguna forma o por ningún medio, mecánico o electrónico, incluyendo fotocopias o grabaciones, o por ningún sistema de almacenamiento y recuperación de información, o transmitida por correo electrónico sin permiso escrito del editor.

Si bien se ha hecho todo lo posible por verificar la información proporcionada en esta publicación, ni el autor ni el editor asumen responsabilidad alguna por los errores, omisiones o interpretaciones contrarias al tema aquí tratado.

Este libro es solo para fines de entretenimiento. Las opiniones expresadas son únicamente las del autor y no deben tomarse como instrucciones u órdenes de expertos. El lector es responsable de sus propias acciones.

La adhesión a todas las leyes y regulaciones aplicables, incluyendo las leyes internacionales, federales, estatales y locales que rigen la concesión de licencias profesionales, las prácticas comerciales, la publicidad y todos los demás aspectos de la realización de negocios en los EE. UU., Canadá, Reino Unido o cualquier otra jurisdicción es responsabilidad exclusiva del comprador o del lector.

Ni el autor ni el editor asumen responsabilidad alguna en nombre del comprador o lector de estos materiales. Cualquier desaire percibido de cualquier individuo u organización es puramente involuntario.

Índice

INTRODUCCIÓN 1
CAPÍTULO 1: EL PSÍQUICO: ¿QUÉ SIGNIFICA SER PSÍQUICO? 3
CAPÍTULO 2: MEDITACIÓN: EL PRIMER PASO..13
CAPÍTULO 3: INTUICIÓN 25
CAPÍTULO 4: LAS CLARIS: CLARIVIDENCIA, CLARIAUDIENCIA, CLARIGUSTO, CLARICONSCIENCIA Y CLARISENTENCIA 37
CAPÍTULO 5: TELEPATÍA..50
CAPÍTULO 6: MEDIUMNIDAD..60
CAPÍTULO 7: PSICOMETRÍA..70
CAPÍTULO 8: LECTURA DE AURA..78
CAPÍTULO 9: SANANDO 90
CAPÍTULO 10: CONTACTARSE Y COMUNICARSE CON SUS GUÍAS ESPIRITUALES..98
CONCLUSIÓN..108
VEA MÁS LIBROS ESCRITOS POR MARI SILVA..109
FUENTES 110

Introducción

La fascinación por las habilidades psíquicas es algo que ha ido en aumento en los últimos años. Un número cada vez mayor de personas están explorando temas que eran relativamente inauditos o considerados tabú no hace mucho tiempo. Cosas como la clarividencia, la telepatía, la intuición e incluso la comunicación con los espíritus se están convirtiendo en algo cada vez más corriente, con un número creciente de experimentos científicos y estudios de casos que apoyan la conclusión de que estos fenómenos son demostrables de manera real. Aun así, es el hecho de que innumerables personas están despertando a sus habilidades psíquicas lo que subyace al creciente interés en tales temas. Cada vez más personas están descubriendo ciertos talentos innatos, que les permiten hacer cosas más allá de lo que el saber convencional sugiere que es posible. El problema es que la mayoría de estas personas no conocen la verdadera naturaleza de sus habilidades, ni cómo aprovecharlas y fortalecerlas, lo que hace que esos talentos, en gran medida, se desperdicien.

Afortunadamente, el proceso de descubrir y desarrollar habilidades psíquicas es mucho más fácil de lo que la mayoría de la gente cree. La verdad es que todo el mundo tiene habilidades psíquicas de una forma u otra, simplemente necesitan identificar cuáles poseen para empezar a desarrollar todo su potencial. Este libro revelará cómo determinar qué habilidades psíquicas posee, permitiéndole así descubrir sus habilidades inherentes. También explorará las numerosas formas que adopta la habilidad psíquica, mostrando las diferencias y similitudes entre cada una de ellas. Finalmente, este libro profundizará en los métodos y técnicas para desarrollar cualquier habilidad psíquica que posea. Incluyendo desde técnicas de meditación hasta instrucciones sobre cómo comunicarse con espíritus, proporcionándole todas las herramientas necesarias para comenzar su viaje al excitante y satisfactorio mundo de los fenómenos psíquicos. Cuando termine de leer este libro, sabrá exactamente qué talentos posee y cómo desarrollarlos para transformar su vida en la vida feliz y satisfactoria que desea y merece.

Capítulo 1: El psíquico: ¿Qué significa ser psíquico?

La palabra "psíquico" es un término que casi todo el mundo ha escuchado en algún momento. Una de las primeras imágenes que se viene a la mente es la de una mujer exótica que promete contarnos que nos depara el futuro por solo diez dólares el minuto, una verdadera ganga considerando lo que está en juego. Otra imagen podría ser la de una persona que utiliza habilidades psíquicas para decir qué carta tiene un miembro de una audiencia o para hacer levitar una mesa frente a ese mismo público. No hace falta decir que la mayoría de estos ejemplos de habilidades psíquicas no son más que trucos de salón, la mayoría de las veces encontrados en los mismos libros que enseñan cómo sacar un conejo de un sombrero. Desafortunadamente, esta imagen falsa y absurda de lo que es un psíquico hace que la mayoría de las personas descarte el fenómeno real, uno que afecta prácticamente a todas las personas diariamente. Esto resulta en que una cantidad innumerable de personas nunca logren aprovechar su verdadero potencial psíquico y usar sus habilidades para transformar sus vidas. Por lo tanto, es importante definir adecuadamente lo que significa ser psíquico, para así ayudar a descubrir sus habilidades y talentos.

¿Qué significa realmente el término "psíquico"?

Tal vez la mejor manera de entender lo que en realidad significa el término "psíquico" es mirar más de cerca la palabra en sí. La palabra viene del griego "psique", que significa mente o alma. Esta es también la palabra raíz para palabras como psicología, psiquiatría y psicosomática. Todas ellas comparten un significado común, el enfoque en la mente en oposición al cuerpo físico. Se entiende que cualquier persona con una condición psicológica tiene un problema emocional o mental, y por lo tanto, necesita un tratamiento que se centre en el corazón y la mente. Lo mismo ocurre con alguien con habilidades psíquicas. En este caso, en lugar de tener una condición negativa, tal persona tendrá habilidades especiales relacionadas con su percepción emocional y mental del mundo que lo rodea. En resumen, alguien con habilidades psíquicas puede obtener información o realizar una tarea sin usar sus cinco sentidos físicos.

Numerosas tradiciones antiguas sostienen la noción de que el alma de una persona tiene las mismas capacidades sensoriales que su cuerpo, es decir, así como el cuerpo puede ver y oír, también el alma de un individuo puede ver y oír, aunque sin tener que depender del oído o de la vista física. Esto no solo permite a una persona ver más allá de su espacio físico u oír más allá del alcance del oído físico, sino que también le permite ver cosas que de otro modo serían invisibles y oír cosas que de otro modo serían silenciosas. Los pensamientos, por ejemplo, no pueden ser escuchados con el oído físico, ya que no hacen ningún sonido físico, sin embargo, pueden ser escuchados con el "oído de la mente", pues existen en el reino de la mente. La capacidad de oír cosas con la mente se conoce como clariaudiencia, que significa "oído claro".

El mismo fenómeno se puede encontrar en términos de la visión. La clarividencia, o "visión clara", es la habilidad de ver con la mente. Esto permite a una persona ver más allá de lo que sus ojos físicos pueden percibir. Cosas como eventos futuros, eventos lejanos, o incluso las intenciones de otra persona pueden ser vistas con el ojo de la mente. Otro término que se utiliza para describir este tipo de habilidades es "sobrenatural", que en su definición más pura significa "por encima de lo natural". Lamentablemente, este término también ha llegado a significar muchas cosas diferentes, provocando más confusión que aclaración cuando se utiliza. Sin embargo, en su forma más verdadera, sobrenatural implica simplemente que un evento o habilidad está más allá de lo que los cinco sentidos físicos o naturales pueden alcanzar. Esta es quizás la mejor y más concisa definición de los fenómenos y habilidades psíquicas que se puede encontrar.

Uno de los errores más comunes, que cometen muchas personas, es asumir que todas las habilidades psíquicas son esencialmente las mismas. Un buen ejemplo de esto puede verse en el área de la mediumnidad. Un médium es alguien que puede transmitir mensajes y visiones a una persona conectando con el mundo espiritual. A menudo, estos individuos son etiquetados como adivinos, y por ende, son descartados como embaucadores y falsificadores. Otro término que se utiliza comúnmente para categorizar a esos individuos es el de médium. Aquí hay una distinción muy importante. Mientras que todos los médiums son psíquicos, no todos los psíquicos son médiums. Es como decir que mientras que todos los californianos son americanos, no todos los americanos son californianos. No solo la gran mayoría de los estadounidenses no viven en California, sino que la mayoría nunca ha visitado el estado. Lo mismo ocurre con los psíquicos. Una persona puede tener habilidades psíquicas, pero no puede leer la mente de una persona o ver eventos lejanos. El punto es que hay numerosas categorías diferentes de habilidades psíquicas, cada una de ellas con sus propias habilidades y cualidades únicas, lo que hace que casi no haya dos psíquicos exactamente iguales.

¿Quién tiene potencial psíquico?

Esta distinción es vital cuando se trata de ser capaz de determinar sus propias habilidades psíquicas únicas. Solo porque no tenga sueños intensos o no pueda saber lo que otra persona está pensando, no es razón para creer que no tiene ninguna habilidad. Nuevamente, hay numerosas y diferentes clases de habilidades psíquicas, y por lo tanto, es importante mantener la mente abierta cuando se trata de descubrir su potencial personal. El punto principal es que todo el mundo tiene potencial psíquico de una forma u otra. Esto se debe a que todos son, en esencia, un ser espiritual, o un alma. Por lo tanto, así como cualquiera con un cuerpo físico tendrá sentidos físicos, también cualquiera con un espíritu o un alma tendrá habilidades psíquicas. El asunto es descubrir qué habilidades posee usted en abundancia.

Una vez más, este es otro ejemplo de cómo los sentidos psíquicos y los físicos son un reflejo directo el uno del otro. Aunque todo el mundo tiene un cuerpo físico, eso no significa que todo el mundo tenga la misma vista o la misma capacidad para oír el sonido. Mientras que algunas personas tienen una vista muy aguda, que les permite leer letra pequeña o ver algo lejano con gran claridad y detalle, otras necesitan gafas de lectura para ver esa misma letra pequeña, o gafas graduadas para ver a distancia, y otros pueden no ser capaces de ver en lo absoluto, lo que les obliga a confiar en sus otros sentidos físicos para percibir el mundo que les rodea. Una persona ciega puede utilizar su sentido del tacto para leer, como en el caso del braille, o para visualizar el aspecto de una persona. Así es precisamente cómo funcionan también las habilidades psíquicas. Solo porque todos tengan alma, no significa que todos puedan leer la mente o predecir el futuro. Mientras que algunos pueden poseer tales habilidades en altos grados, otros se encontrarán virtualmente ciegos y sordos en tales áreas.

No hace falta decir que lo importante no es necesariamente arreglar las partes defectuosas. En lugar de tratar de desarrollar habilidades que carece o con las que tiene dificultades, el truco es descubrir sus fortalezas y desarrollarlas al máximo nivel posible. Una buena forma de visualizar esto es imaginarse un equipo de béisbol. Un buen entrenador permite que el lanzador perfeccione sus habilidades de lanzamiento mientras que deja que sus mejores bateadores perfeccionen sus habilidades de bateo. Nunca vería a un lanzador tratando de mejorar su bateo, ni a un bateador obligado a desarrollar sus habilidades de lanzamiento. El objetivo del juego es que cada uno juegue con sus fortalezas. Eso se aplica para las habilidades psíquicas, si no puede ver auras, entonces no pierda su tiempo tratando de desarrollar la habilidad. En vez de eso, encuentre la capacidad que tiene actualmente, la que es inherente a sus habilidades. Una vez que la encuentre, el siguiente paso es nutrirla y desarrollarla para que le sirva en su vida diaria, llevando así su vida a un nivel completamente nuevo.

Dicho esto, algunas personas son, en efecto, más dotadas que otras en lo que se refiere a habilidades psíquicas. Afortunadamente, hay algunas pruebas simples que pueden ayudar a identificar si una persona está dotada de fuertes habilidades psíquicas o no. Una de estas pruebas se da en el área de los sueños. Si tiene una abundante vida de sueños, en la que experimenta sueños vívidos y atractivos con regularidad, lo más probable es que tenga fuertes habilidades psíquicas. De hecho, la capacidad de recordar los sueños es otro indicador del potencial psíquico. Si a menudo tiene sentimientos instintivos, como evitar ciertas personas o situaciones, entonces probablemente seas un psíquico natural. Las visiones de acontecimientos futuros, la capacidad de sentir las emociones de otra persona o de leer sus pensamientos también son signos de una mayor capacidad psíquica. La razón por la que tales eventos indican un potencial psíquico es que todos ellos no dependen de ningún sentido físico. Así, una persona que puede soñar vívidamente y recordar sus sueños utiliza el ojo de su mente de una manera muy real. Alguien que tiene sentimientos viscerales está en contacto con su intuición, y así sucesivamente. Probablemente esté leyendo este libro, porque ha descubierto un patrón en su vida, uno en el que su habilidad psíquica se ha mostrado y ahora está esperando que usted responda y le dé la atención que merece.

¿Cómo pueden las habilidades psíquicas impactar en su vida diaria?

Como cualquier otra habilidad, las capacidades psíquicas pueden ser utilizadas de una gran cantidad de formas para mejorar e incluso transformar la vida cotidiana de una persona. Un ejemplo de esto es en el área de la intuición. Muchas personas tienen que tomar diariamente decisiones que impactarán sus vidas de una manera u otra, puede que tengan que comprar un auto, buscar un trabajo, o incluso contratar a una persona para que trabaje para ellos. Aunque normalmente se dispone de una buena cantidad de información objetiva para ayudar a tomar tales decisiones, también puede haber una gran cantidad de especulación. Aquí es donde la intuición puede marcar la diferencia. En lugar de tener que adivinar si será feliz o no en un trabajo determinado, o si un candidato es realmente tan bueno como su currículum le hace parecer, puede utilizar la intuición para ver más allá de los hechos y determinar la verdad de una situación. Esto puede ayudarle a tomar cada vez la mejor decisión, evitando errores y arrepentimientos que pueden socavar su felicidad o incluso sus posibilidades de éxito.

Los sueños también pueden ser útiles a la hora de tomar decisiones importantes. Muchos, en algún momento, hemos escuchado a alguien decir, "déjame consultarlo con la almohada". Aunque esta afirmación suele indicar el deseo de la persona de reflexionar un poco más sobre una decisión, la verdad es que alguien con capacidades psíquicas podría literalmente "consultarlo con la almohada", permitiendo que sus sueños revelen el resultado de una u otra decisión. Tales prácticas se han registrado a lo largo de la historia de la humanidad en prácticamente todos los rincones del planeta. Usar los sueños para tomar decisiones o entender la naturaleza de eventos complejos puede ayudarle a hacer trampa, literalmente saltando por delante para ver lo que le espera en cada camino a su disposición. Esto no solo puede eliminar las conjeturas de una decisión, sino que también puede asegurar que tome la mejor decisión en cada momento. Además, numerosos estudios de casos han revelado cómo los creadores, artistas y músicos han usado sus sueños para resolver problemas o liberar su verdadero potencial. Esta capacidad no solo *puede* ser la diferencia entre el éxito y el fracaso, sino que se ha demostrado.

La intuición también puede ayudarle a relacionarse de forma más significativa con quienes lo rodean, mejorando así sus relaciones de una forma muy real y significativa. Un buen ejemplo de esto se da en el área de la empatía. Un empático es alguien que puede aprovechar las emociones de otra persona, sintiendo virtualmente lo que siente. Una forma en que esto puede ayudar es protegiéndolo de aquellos que lo engañarían, como gente de negocios corrupta, falsos amigos, o cualquiera que buscara aprovecharse de usted. Al sentir el estado emocional de otra persona, puede determinar su sinceridad o la falta de ella. Sin embargo, la principal aplicación de la empatía es la capacidad de saber cómo se siente una persona para poder conectar mejor con ella y ayudarla en sus momentos difíciles. Compartiendo el dolor de otra persona, puede demostrar que es más capaz de decir lo correcto o incluso de dar el mejor consejo. Esta capacidad lo ayudará a sentirse conectado con todos los que lo rodean de una manera que transformará la forma en que experimenta la vida misma. Ya no se sentirá como si fuera un individuo, abriéndose camino solo por la vida. En su lugar, comprenderá que todos los seres vivos están conectados, y esto lo hará darse cuenta de que nadie está nunca verdaderamente solo.

Establecer reglas para asegurar un mejor control de sus habilidades

Por supuesto, no hace falta decir que grandes habilidades conllevan grandes responsabilidades. En ningún lugar esta noción es más cierta que en el área de las habilidades psíquicas. Por consiguiente, es absolutamente vital que además de descubrir y perfeccionar sus habilidades, también establezca un conjunto de reglas que sirvan para protegerlo a usted y a los que lo rodean. Sin tales reglas, inevitablemente se encontrará en una situación en la que los demás pueden causarle daño o en la que usted cause daño a los demás. Como las habilidades psíquicas vienen del alma, tal daño se sentiría a nivel del alma, haciendo mucho más difícil recuperarse de él. Por lo tanto, prevenir tales incidentes es crítico, ya que le permitirá evitar dificultades considerables y arrepentimientos por todas partes.

Una de las reglas más importantes es la de darse el tiempo y el espacio que necesita para recargar sus baterías. La mayoría de las veces, las personas que descubren y desarrollan sus habilidades psíquicas lo hacen con la intención de ayudar a otros a su alrededor. La capacidad de conectar con los sentimientos de los demás, curar los dolores y males de los demás, o incluso aprovechar el mundo espiritual para predecir el destino de otra persona, son todos objetivos nobles, pero todos tienen un costo. Cada actividad psíquica requiere de energía para realizarse, al igual que cada compra que se hace requiere de dinero en efectivo. Por lo tanto, si no tiene cuidado, puede gastar toda su energía tratando de salvar el mundo, al igual que puede gastar todo su dinero si va de compras. Por lo tanto, el truco es calcular el tiempo y la energía que gasta ayudando a los demás. Una de las mejores reglas es darse mucho tiempo de descanso diariamente o con bastante regularidad, lo que le permitirá recargar las pilas y devolver la tranquilidad a su mente. Esto evitará que se queme o, peor aún, que se deprimas y se agobie.

Otra regla crítica a emplear es la de respetar la privacidad de los demás. El hecho de que pueda leer los pensamientos de otra persona no significa que deba hacerlo. Tampoco significa que ellos quieran que lo haga. Una buena regla que le ayudará a respetar a los demás es usar sus habilidades solo cuando sea necesario para su bienestar personal. Por lo tanto, entrar en el corazón o la mente de alguien que intenta venderle un auto o solicitar un trabajo es perfectamente razonable. Leer la mente de la persona sentada a su lado en el autobús para divertirse, por otro lado, es menos que decente. Por lo tanto, solo use sus habilidades de una manera que sea necesaria y beneficiosa para todos los involucrados. Nunca abuse de sus habilidades y nunca las use para intimidar a otros.

Algunos ejemplos de eventos psíquicos reales

Aunque casi todos contemplan capacidades psíquicas en un momento u otro, la mayoría descarta su existencia por completo, citando la falta de pruebas que apoyen su existencia. Afortunadamente, hay un número creciente de estudios de casos y relatos personales que ofrecerán la evidencia necesaria para inspirar a la gente a tomar los fenómenos psíquicos de manera más seria. Los siguientes son solo algunos ejemplos de eventos psíquicos de la vida real, algunos que cambiaron vidas a nivel personal, mientras que otros cambiaron el mundo tal y como lo conocemos.

Una historia involucra a una periodista que estaba entrevistando a un medio para una historia. Después de la entrevista, el medio ofreció una lectura gratuita para la periodista. Aunque escéptica, aceptó, sin saber qué esperar. Inmediatamente el medio le dijo de una mujer que vio, cuya descripción y nombre coincidía con el de su abuela muerta hace tiempo. Luego le habló de un hombre con la mujer, y la descripción coincidía con la de su padre recientemente fallecido. El hombre tenía un mensaje para su esposa, dijo la médium. Ese mensaje era que era hora de deshacerse de sus corbatas. Después de la lectura, la periodista llamó a su madre y le preguntó si ya se había deshecho de la ropa de su padre, algo que ella había dudado en hacer. La madre dijo que se había deshecho de todo *excepto* de sus corbatas.

Otra historia involucra a un hombre que se ausentó sin permiso del ejército mientras servía en Vietnam. Mientras estaba de permiso en tierra en los Estados Unidos, decidió no volver al servicio. Durante ese tiempo, visitó a un amigo que era experto en adivinación. Realizó una lectura del I Ching, que reveló que un largo viaje sobre una gran masa de agua sería beneficioso. El amigo decidió volver a Vietnam, a pesar de querer dejar el ejército. A su regreso, el número de tropas en

Vietnam se redujo, y se le dio una baja regular, permitiéndole dejar el ejército y volver a casa legalmente.

Los sueños han servido para dar forma a decisiones y descubrimientos, muchos de los cuales han cambiado el mundo en formas que la mayoría de la gente no se da cuenta. Elias Howe, por ejemplo, luchó con el diseño de la máquina de coser mecánica. Después de varios intentos fallidos, estaba casi en bancarrota cuando una noche soñó con el lugar donde debía ir la aguja para que la máquina funcionara correctamente. Al despertar, dibujó el diseño, un diseño que se patentó y que aún se utiliza en los modelos de máquinas de coser modernas hoy en día.

Niels Bohr, un pionero de la física moderna, tuvo un sueño en el que veía los planetas orbitando el sol. Se dio cuenta de que este sueño era la respuesta a su búsqueda del modelo de un átomo. Usando las imágenes de su sueño, fue capaz de probar la estructura del átomo, que es responsable de dar forma a cosas como la energía atómica. Albert Einstein soñó con una experiencia en la que descendía en trineo por una montaña nevada. Empezó a ir tan rápido que casi alcanzó la velocidad de la luz. En ese momento, la aparición de las estrellas cambió, lo que le llevó a descubrir la teoría de la relatividad.

Incontables ejemplos más de sueños, lecturas, visiones y similares que han cambiado vidas se pueden encontrar en todo el mundo. Sin embargo, tales historias son al final solo eso: historias. Lo importante es encontrar su propia prueba, su propia evidencia. Afortunadamente, todos han tenido experiencias que no se pueden explicar en términos simples y naturales. Esas experiencias son las huellas de la actividad psíquica, generalmente involucrando sus habilidades psíquicas personales. En lugar de buscar en otros relatos la prueba, debería buscar en ellos una dirección, que lo ayude a recordar y reconocer la evidencia que tiene en su vida, la evidencia de su potencial psíquico.

Capítulo 2: Meditación: El primer paso

Una de las principales herramientas para desarrollar las habilidades psíquicas es la práctica de la meditación. Esta práctica ha existido durante miles de años, ayudando a innumerables personas en todo el mundo a conseguir numerosos beneficios y avances. De hecho, la tradición afirma que el propio Buda alcanzó la iluminación como resultado de sus prácticas meditativas. Afortunadamente, no es necesario estar buscando la verdad o la iluminación para hacer uso de esta valiosa herramienta. Millones de personas en todo el mundo hoy en día usan la iluminación por varias razones, incluyendo desde el desarrollo espiritual hasta el alivio del estrés y la restauración física. Este capítulo proporcionará una comprensión básica de lo que es la meditación, así como las diversas formas en que puede ayudar a nutrir y perfeccionar sus habilidades psíquicas. Además, habrá instrucciones sobre algunas formas de meditación para ayudarle a comenzar con una práctica que le proporcionará una base sólida para su búsqueda para convertirse en un psíquico competente.

Una descripción básica de la meditación

Cuando la mayoría de la gente piensa en la meditación, imagina monjes budistas vestidos con sus túnicas, cantando mientras dejan que sus mentes trasciendan la realidad física y alcancen el mundo espiritual. Aunque este es un aspecto de la meditación, no es la finalidad de la práctica. Una buena manera de entender la meditación es pensar en ella como una especie de gimnasio. Cuando va a un gimnasio, puede elegir hacer cualquier número de rutinas de ejercicio, desde pesas libres, ejercicios aeróbicos, entrenamiento de fuerza general, o incluso simplemente subirse a una bicicleta estática o a una cinta de correr para agitar una vida que de otra manera sería sedentaria. Cada tipo de rutina ofrece beneficios y resultados específicos, lo que significa que no necesariamente dos personas tendrán la misma experiencia, así es precisamente cómo funciona la meditación.

En general, los fundamentos de la meditación son generalmente los mismos en todas las formas, a pesar de las numerosas y distintas diferencias que hacen que cada tipo sea muy único. La premisa básica es que el practicante encuentre un lugar tranquilo donde pueda estar solo y permanecer ininterrumpido durante un período determinado. Dentro de ese período, comenzará a dejar de lado las influencias y distracciones externas, centrándose en su realidad interna. La mayoría de las veces, la respiración desempeña un papel central en la práctica, proporcionando al individuo un punto de enfoque que le permite alcanzar el estado de calma y atención que desea. Sentarse en una posición cómoda y erguida es también fundamental para casi todas las formas de meditación. Sin embargo, más allá de eso, los demás elementos tienden a ser específicos de las distintas versiones, creando así una experiencia diferente que permite a la persona lograr resultados diferentes.

La atención plena, por ejemplo, es un objetivo común compartido por la mayoría de los practicantes de meditación. Ciertas formas de meditación permiten desarrollar el sentido de la concentración y la claridad mental, eliminando el caos que llena la mente de la mayoría de las personas a diario. La relajación es otro beneficio que proviene de la mayoría de los tipos de meditación, incluyendo la conocida como meditación de exploración corporal. Esta forma también se utiliza para enviar energía curativa y restauradora a las partes del cuerpo que están sufriendo de una manera u otra.

En resumen, hay dos categorías principales de meditación: calmante e introspectiva. La meditación calmante es la técnica que se centra en el alivio del estrés tanto del cuerpo como de la mente. Por otra parte, las técnicas de meditación introspectiva son aquellas que se centran en agudizar la conciencia mental y física.

Hay una distinción más que vale la pena mencionar en cuanto a las diferentes formas de práctica meditativa, esto es, la de la meditación guiada y no guiada. La meditación guiada simplemente sugiere que se practique bajo la instrucción de un guía. Ese guía puede ser una persona real, como un instructor espiritual, o puede ser un mensaje pregrabado que te lleva a través de pasos y te ayuda a entender el proceso en cada paso del camino. La meditación sin guía simplemente indica que se realiza la práctica solo y en silencio, al menos en el caso de las técnicas que se practican en soledad. A menudo se recomienda que los principiantes se dediquen primero a la meditación guiada para comprender mejor la práctica. Esto también les da la oportunidad de hacer preguntas o plantear inquietudes en caso de que mediten en presencia de un guía concreto.

Cómo la meditación ayuda a desarrollar habilidades psíquicas

La pregunta que mucha gente se hace es cómo la meditación puede ayudar a desarrollar habilidades psíquicas. La verdad es que hay varias maneras en las que las prácticas meditativas pueden ayudar a cualquiera a descubrir, nutrir y perfeccionar sus habilidades psíquicas. Una de las formas más inmediatas en que la meditación logra este objetivo es que ayuda al individuo a limpiar su corazón y su mente de todo el desorden y el caos que normalmente le afecta. Esta condición es comúnmente conocida como "mente de mono" en la tradición budista. En pocas palabras, la mayoría de la gente tiene cualquier cantidad de pensamientos, preocupaciones, imágenes e incluso canciones que pasan por su mente en un momento dado. Este ruido solo sirve para hacer más difícil la conexión con la intuición, el discernimiento y otras habilidades psíquicas que requieren una mente tranquila y enfocada para ser escuchadas. Al eliminar el ruido, la meditación puede crear el ambiente necesario para una actividad psíquica efectiva.

Otra forma en que la meditación ayuda a mejorar las habilidades psíquicas es aumentar la claridad mental y la conciencia. Las técnicas para lograr este objetivo entran dentro de la categoría de la introspección. Una persona que practica la meditación de introspección ejercitará su mente y su conciencia de manera que honre su capacidad de resistir las distracciones y se haga consciente de las energías que hay en su interior y a su alrededor. Como se mencionó anteriormente, toda actividad psíquica involucra a la mente de una manera u otra. Por lo tanto, cualquier ejercicio que fortalezca la mente y mejore cosas como la concentración, la percepción y la disciplina mental, fortalecerá naturalmente las habilidades psíquicas de una persona. De alguna manera, es un poco como cuando los deportistas van al gimnasio a hacer ejercicio. Para la persona promedio, podría parecer extraño que levantar pesas pueda ayudar a alguien a jugar mejor al fútbol, sin embargo, para el atleta, tiene mucho sentido, ya que cuanto más fuerte es su cuerpo, mejor es su rendimiento en el campo. La meditación es exactamente así. Fortalece los músculos necesarios para realizar actividades psíquicas de la mejor manera posible.

La tercera y menos conocida forma en que la meditación ayuda a desarrollar habilidades psíquicas es que ayuda a una persona a conectarse con su voz interior. Ya sea que el objetivo sea eliminar las distracciones externas o el ruido interno, el resultado de la meditación es en gran medida el mismo, es decir, un aumento del sentido de la intuición. Después de todo, una vez que la distracción desaparece, lo único que queda es la verdadera voz del individuo. Esta voz es lo que se conoce como intuición, o el instinto de una persona. Cuanto más fuerte sea esta voz, más fuertes serán las habilidades psíquicas de la persona. Además, la meditación puede ayudar a un individuo a conectarse con sus guías espirituales. Así como escuchar la voz interior es esencial para la práctica psíquica, también lo es escuchar la voz de los guías espirituales. Por lo tanto, la meditación es una herramienta crucial, ya que ayuda a una persona a descubrir y conectarse con esa parte de ellos mismos, que es el corazón mismo de cualquier habilidad psíquica. Añadido al aumento de la atención y la disminución de la distracción, no es de extrañar que los psíquicos más eficaces sean aquellos que practican la meditación regularmente, si no a diario.

Cómo practicar la meditación de atención plena

La meditación de atención plena permite a una persona desarrollar su capacidad de estar completamente en el momento presente. Esto es vital para cualquiera que quiera aprovechar su intuición para obtener orientación o respuestas. Además, es una buena manera de ayudar a una persona a sintonizar con sus guías espirituales. Los pasos para realizar la meditación de atención plena son los siguientes:

- El primer paso para casi todas las prácticas de meditación es encontrar un lugar tranquilo donde pueda estar solo y sin ser interrumpido durante un período determinado. Esto le ayudará a concentrarse en su práctica, ya que no se distraerá ni escuchará las posibles distracciones que se produzcan.

- Cuando haya elegido su ubicación, lo siguiente que tiene que hacer es sentarse cómodamente. Sentarse con las piernas cruzadas en un cojín o una alfombra en el suelo es ideal, pero no es necesario. Una silla también será suficiente siempre y cuando le permita sentarse en posición vertical, manteniendo una buena postura que permita una buena y profunda respiración. Lo importante es mantener la columna vertebral recta, permitiendo así que la respiración y la energía fluyan uniformemente por todo el cuerpo. La parte superior de los brazos debe colgar libremente a los lados, mientras que las manos pueden descansar en el regazo de la manera que se sienta más cómoda.

- A continuación, tiene que empezar a centrarse en su respiración. Empiece a tomar respiraciones más profundas, que sean relajantes y restauradoras. Aunque su objetivo es respirar más profundo, su respiración debe ser natural y no forzada, aumentando así la relajación de su cuerpo y su mente.

- Una vez que se regula la respiración, el siguiente paso es tomar conciencia de lo que lo rodea. Tómese un momento para reconocer las imágenes, los sonidos e incluso los olores de su entorno. Sin embargo, no permita que sus pensamientos se detengan en una cosa por mucho tiempo. El objetivo es tomar conciencia, nada más y nada menos. Por lo tanto, observe una cosa o evento durante unos diez segundos y luego pase a otro.

- Su mente comenzará a detenerse en las cosas de vez en cuando, evocando recuerdos o juicios dependiendo del objeto o evento que esté observando. Siempre que esto ocurra, simplemente deje ir el proceso de pensamiento y vuelva a observar solamente su entorno. Lo más importante es estar totalmente presente en el cuerpo y en la mente.

- Por último, reconozca que su mente simplemente está haciendo su trabajo desenterrando pensamientos, preocupaciones y recuerdos basados en lo que está observando. Esto no es algo malo como tal, simplemente un hábito que está empezando a romper. No sea demasiado duro consigo mismo cuando esto ocurra. Solo deje que sus pensamientos de distracción se evaporen y vuelva a centrarse en el momento presente. Cuanto más practique esta forma de meditación, menos se distraerá su mente.

- Una vez que haya perfeccionado la habilidad de dirigir su mente desde la distracción al aquí y ahora puede empezar a practicar la meditación atención plena en un entorno más público. Se aplican los mismos principios, excepto que ahora puede cambiar su atención de una persona a otra o de un evento a otro, permitiéndose observar sin juzgar ni obsesionarse con una sola cosa o persona. No hace falta decir que nunca haga este tipo de ejercicio mientras conduce un auto o maneja una maquinaria que requiera toda su atención.

Cómo practicar meditación de visualización

La meditación de visualización es una práctica que ayuda a afinar su capacidad de conectarse a objetos y personas a distancia. Esto significa que puede ver a una persona o una cosa sin tener que estar cerca de ellos. No hace falta decir que tal visión implica el ojo de la mente más que el ojo físico. Los pasos para realizar la meditación de visualización son los siguientes:

- Busque un lugar tranquilo donde estará solo y sin ser interrumpido el tiempo que necesite para su práctica meditativa. Es importante establecer cuánto tiempo quiere pasar para asegurar la mejor posibilidad de éxito.

- Siéntese en posición de piernas cruzadas con la columna recta, la parte superior de los brazos relajados a los lados y las manos descansando cómodamente en el regazo. Esta postura ayudará a relajar su cuerpo y mejorar su respiración y el flujo de sangre, aumentando así su conciencia mental.

- Una vez que se encuentre en una posición cómoda, puede comenzar a establecer su rutina de respiración profunda y relajada. Comience a tomar respiraciones más largas y profundas, que lo relajen mientras le proporcionan el oxígeno necesario para restaurar sus energías físicas y mentales.

- El siguiente paso es para los principiantes. Este paso le hace observar un objeto delante suyo. Puede ser cualquiera y puede elegir un objeto para contemplarlo para hacerlo más fácil. Simplemente mire fijamente al objeto durante un minuto más o menos, tomando todos los detalles que pueda.

- A continuación, cierre los ojos y comience a visualizar el objeto que ha observado. Permita que su mente recuerde todos los detalles que pueda, usando su imaginación para recrear el objeto con el mayor detalle posible. Incluso puede imaginarse moviéndose alrededor del objeto, viéndolo desde todos los ángulos, pero permaneciendo sentado, moviendo solo su mente.
- Una vez que haya visualizado claramente el objeto elegido, puede empezar a visualizar algo más. Puede ser otro objeto, como algo más en la habitación, o incluso algo en otro lugar, como su auto o el buzón de correo de su vecino. Opcionalmente, puede elegir visualizar a una persona, imaginándola donde cree que está. No importa lo que elija visualizar, el truco es visualizar a su sujeto con el mayor detalle posible, incluso permitiéndose observar los alrededores.
- A continuación, comience a tomar nota de los detalles específicos que note. Por ejemplo, si visualizas el buzón de correo de su vecino, ¿La bandera está arriba o abajo? ¿Está el cielo despejado o nublado? ¿Qué características específicas puede señalar? En el caso de una persona, ¿dónde está? ¿Están en casa o en el trabajo? ¿Están hablando con una persona, trabajando en la computadora o haciendo una llamada telefónica? ¿Cómo se ven emocionalmente? Todos estos detalles pueden ser importantes en términos de habilidad psíquica. Si bien su mente puede comenzar usando la memoria para crear la visión de una persona o un objeto, con el tiempo se conectará con el sujeto en tiempo real, permitiéndole observar cosas en el ojo de su mente que sus sentidos físicos serían incapaces de detectar.
- Finalmente, tome nota de cualquier detalle específico que destaque. Si imagina a una persona y la ve teniendo un mal

día, llámela más tarde y pregúntele cómo le fue. Una vez más, los resultados iniciales pueden ser irregulares, pero con el tiempo, descubrirá que sus observaciones serán cada vez más precisas, permitiéndole conectarse con cualquier objeto o persona sin tener que salir de la comodidad de su hogar.

Cómo practicar la meditación psíquica

La meditación psíquica es la forma de meditación que realmente permite a una persona aprovechar sus habilidades psíquicas. Específicamente, honra la habilidad de una persona para ver, sentir y escuchar información a nivel espiritual. Las imágenes, los susurros, las sensaciones y cosas similares se vuelven más regulares y más pronunciadas cuanto más se practica la meditación psíquica. Los pasos para realizar son los siguientes:

- Como con cualquier forma de meditación, el primer paso es siempre encontrar un lugar tranquilo que ofrezca tanto privacidad como soledad. Desconecte cualquier teléfono y elimine cualquier otra forma de distracción, asegurando el ambiente más pacífico posible.

- A continuación, siéntese en el suelo, usando una alfombra o un cojín para su comodidad, en posición de piernas cruzadas. Aunque quiera estar relajado, es vital asegurarse de que su columna vertebral esté recta, ya que esto aumentará el flujo de sangre y oxígeno en todo el cuerpo. Una vez más, la parte superior de los brazos debe colgar libremente a los lados y las manos deben estar relajadas en el regazo.

- Una vez que tenga su ubicación y postura adecuada, el siguiente paso es concentrarse en su respiración, asegurando que sus respiraciones sean profundas, pero relajadas, no forzadas ni tensas. Mientras se concentra en su respiración, permita que su cuerpo se relaje y despeje su mente de cualquier pensamiento o distracción extra.

- A continuación, cierre los ojos y comience a observar cualquier imagen, sentimiento, sonido o impulso que ocurra de repente. Al principio, puede que encuentre su mente aún llena de pensamientos e imágenes de sus actividades diarias. Si este es el caso, tómese más tiempo para concentrarse en su respiración y así limpiar su mente de desorden y ruido. Sin embargo, una vez que su mente está clara, cualquier imagen, sonido y similares deben ser observados y contemplados.

- Tómese el tiempo necesario para considerar cada impulso que recibe, ya sea una sensación física, una reacción emocional, o una imagen, una palabra, o alguna otra forma de información, sin importar lo aleatorio que pueda parecer. De hecho, cuanto más aleatorio sea, más probable es que sea de naturaleza psíquica en lugar de producto de su imaginación. Si siente una emoción, tómese el tiempo para considerar cuál es la emoción y qué podría estar causándola. ¿Es una advertencia? ¿Es para otra persona? ¿O es alguien que piensa en usted? Si ve la imagen de un amigo o un ser querido, contemple esa imagen cuidadosamente. ¿Son felices o necesitan su amor y apoyo? Lo importante es abrir su mente a cualquier información del mundo espiritual. Una vez más, al principio, puede que le cueste diferenciar entre los productos de su imaginación y la voz de sus guías espirituales, sin embargo, con la práctica, la habilidad para saber la diferencia se fortalecerá, permitiéndole escuchar la voz del universo tan claramente como escucha una voz en el otro extremo de un teléfono.

- Una vez que haya terminado su meditación, debe tomarse el tiempo para reconectarse con su entorno inmediato. Esto cerrará su mente al flujo constante de información que de otra manera lo abrumaría mientras sigue con su día normal. La mejor manera de lograr este objetivo es practicar una breve ronda de meditación de atención plena para así reconectarse a su entorno y restaurar su mente a su función normal.

- Las dos cosas más importantes que hay que recordar en relación con la meditación psíquica es tener una mente abierta y ser paciente. Solo siendo de mente abierta puede recibir la información que busca, y solo siendo paciente puede desarrollar sus habilidades al nivel que desea. Nada que valga la pena hacer es fácil, así que no se frustre si los resultados son lentos y erráticos. Con un poco de esfuerzo y paciencia, comenzará a lograr los resultados que desea, y entonces sus habilidades psíquicas se elevarán a niveles que nunca imaginó posibles.

Mejorando la meditación con el yoga

Una forma de llevar su práctica de meditación al siguiente nivel es incorporar la práctica del yoga. Esto ayuda a alinear su cuerpo y su mente de forma que se cree una cierta unidad del ser. Cuanto más simple sea como persona, más claro y presente está en un momento dado. Por lo tanto, se recomienda que una vez que haya adquirido familiaridad e incluso éxito con la meditación, empiece a añadir el yoga a su rutina para aumentar aún más sus habilidades.

El principio básico del yoga es estirar el cuerpo para mejorar el flujo sanguíneo y el flujo de oxígeno a todas las partes del cuerpo, incluyendo el cerebro. Esto tendrá profundos efectos en su salud física y bienestar, así como en su salud mental y bienestar. Afortunadamente, hay muchas formas diferentes de yoga, cada una diseñada para necesidades específicas. Algunas son relativamente fáciles, por lo que son ideales para principiantes o cualquier persona con restricciones físicas. Además, el yoga de bajo nivel se puede practicar solo, en casa y en muy poco tiempo. El yoga de nivel intermedio y el de alto nivel deben practicarse inicialmente bajo la supervisión de un instructor certificado.

Puede comenzar a practicar solo una vez que tenga más experiencia. Una innumerable cantidad de recursos en línea lo ayudarán a empezar a practicar yoga, permitiéndole así tener una idea para ver qué formas son las más adecuadas para usted. Además, la práctica generalizada del yoga significa que hay grupos prácticamente en todas partes, lo que le permite obtener la supervisión que necesita como principiante o como alguien a quien le gusta compartir su experiencia con los demás.

Capítulo 3: Intuición

Si le pregunta a cualquier persona en la calle si alguna vez ha tenido una "corazonada" sobre una persona, lugar o situación que resultó ser cierta, casi todos le dirán que sí. Este fenómeno es tan común que pocas personas le prestan atención. Desafortunadamente, esto significa que solo un puñado de individuos se toman el tiempo para descubrir la verdadera naturaleza de esa sensación visceral, incluyendo de dónde viene, cómo puede ser tan exacta y cómo perfeccionarla para su uso futuro. Finalmente esta enigmática sensación visceral es solo un ejemplo de intuición.

El asunto es que la intuición es el lenguaje mismo del alma. Es la forma en que el alma se comunica con la mente consciente e intelectual de un individuo. Como se mencionó anteriormente, cada persona tiene sentidos tanto físicos como no físicos, todos los cuales envían información a una persona con respecto a su vida, entorno y las elecciones que tiene a mano. Al igual que los pensamientos transmiten información física a la mente, la intuición transmite información no física a la mente, proporcionando una comprensión mucho más allá de lo que los sentidos físicos pueden percibir. La comprensión de este lenguaje es la base para desarrollar cualquier habilidad psíquica. Este capítulo explorará el fenómeno de la intuición, incluida su naturaleza, las diversas formas que adopta, los métodos para descubrir y fortalecer la intuición y algunos ejemplos de la vida real de la intuición en acción. Cuando termine de leer este capítulo, tendrá todas las herramientas que necesita para empezar a aprovechar su intuición y descubrir así su pleno potencial psíquico.

¿Qué es exactamente la intuición?

Dependiendo de a quién le pregunte, la intuición puede significar muchas cosas. Algunos la ven como una fuente de conocimiento inherente, la capacidad de saber algo sin tener ninguna información lógica o racional en la que basar ese conocimiento. Otros definirán la intuición como una especie de inspiración, que permite a una persona reconocer las oportunidades a medida que se presentan o encontrar soluciones a problemas que el intelecto simplemente no puede proporcionar. Al final, aunque estas respuestas puedan parecer muy diferentes, son todas correctas. La intuición es el lenguaje que el alma utiliza para transmitir información a la mente. Por lo tanto, ya sea que el alma le diga a la persona de las próximas oportunidades, del peligro que acecha a la vuelta de la esquina, o algún otro tipo de información necesaria, la intuición es el lenguaje que utilizará para transmitir el mensaje.

Debido a que la intuición tiene muchas formas diferentes, ha llegado a ser llamada por muchos nombres distintos a lo largo del tiempo. En el mundo actual, uno de los nombres más comunes que se le da a la intuición es el de "corazonada" o "instinto visceral". Aunque el término "instinto" puede significar algo bastante diferente de la intuición, la forma en que se utiliza para describir un sentimiento que actúa como una advertencia, lo identifica con la intuición en este caso. Sin embargo, la intuición ha sido conocida con otros nombres a lo largo de la historia y en las innumerables culturas que han habitado el mundo. En la antigua Grecia, la intuición de una persona era vista a menudo como la voz de los propios dioses, ofreciendo inspiración o consejo divino. Los artistas atribuían sus habilidades intuitivas a las musas, mientras que los videntes daban crédito a los Destinos por las visiones que tenían. Se puede argumentar que la "voz de Dios" es otro nombre para la intuición, algo que impregna las tradiciones cristianas de todo el mundo hoy en día. Al final, sin importar la cultura o el tiempo que se observe, se encontrará un fenómeno ampliamente reconocido y respetado que refleja claramente la intuición.

La verdadera pregunta es: ¿Cómo afecta la intuición a las habilidades psíquicas? Para entender esto mejor, tiene que comprender el valor del lenguaje. Si se mudara a otro país, uno que no hablara inglés, la única manera de poder moverse en ese país de manera efectiva sería aprendiendo el idioma que los nativos hablaban. Hasta que aprenda su idioma, todo lo que le digan sonará como incoherencias, mientras que todo lo que les diga les parecerá igual de extraño a sus oídos. Aquí es donde el aprendizaje de un idioma puede hacer toda la diferencia. Una vez que estudia sus palabras, puede empezar a entender lo que dicen, mientras desarrolla la habilidad de hablarles directamente. Cualquiera que haya vivido en el extranjero sabrá la gran diferencia que puede haber una vez que se comunica en su lengua materna.

Esta misma relación existe entre la mente consciente y el alma. No importa cuánto se esfuerce una persona, nunca podrá enseñar a su alma a hablar en términos lógicos y racionales. Por lo tanto, para comunicarse claramente con el alma, para entender lo que el alma tiene que decir, es vital aprender el lenguaje de la intuición. Solo entonces puede tomar los sonidos, imágenes y sentimientos que de otra manera serían un sinsentido y traducirlos en los mensajes significativos que son. Cuando domina el lenguaje de la intuición, puede comunicarse con su alma y sus guías espirituales en tiempo real, permitiéndole recibir y transmitir información valiosa a través del tiempo y el espacio, dándole ventajas incalculables a la hora de vivir su vida diaria. Afortunadamente, aprender el lenguaje de la intuición es mucho más fácil que aprender un idioma real con gramática, sintaxis y muchas palabras y frases para memorizar. Sin embargo, no se equivoque, el lenguaje de la intuición puede resultar ser el más rico y complejo que jamás haya encontrado.

¿Quién tiene intuición?

Si la primera pregunta acerca de la intuición es cuál es su verdadera naturaleza, la segunda gran pregunta debe ser necesariamente, ¿Quién tiene intuición? La respuesta es simple y compleja. En resumen, todo el mundo tiene intuición. Cada ser vivo tiene el lenguaje del alma, ya que en teoría, cada ser vivo tiene un alma. Esto significa que cada persona tiene la intuición a su disposición, se dé cuenta o no. Además, numerosos estudios han indicado que los animales e incluso las plantas tienen niveles medibles de intuición. No hace falta decir que este es un concepto enorme para darle vueltas en la mente. Sin embargo, si reconoce que el alma es la esencia de la vida, entonces todos los seres vivos deben tener un alma de algún tipo, y, por lo tanto, intuición en algún grado.

Lo que hace que la respuesta a la pregunta "¿Quién tiene intuición?" sea compleja es que la intuición no es una cantidad definitiva. En otras palabras, no es como preguntar: ¿Quién tiene cabeza? o ¿Quién puede respirar aire? Ambas respuestas son fijas. Todo el mundo tiene una cabeza, y todo el mundo puede respirar, y en su mayor parte, ambas cosas son en gran medida iguales de una persona a otra. Sin embargo, cuando se trata de la intuición, el valor es de naturaleza fluida. Una buena manera de entender esto es considerar la pregunta, "¿Quién tiene músculos?". Bueno, todo el mundo tiene músculos, ya que los músculos son una parte integral del cuerpo humano. Sin embargo, no es cierto que los músculos de todos sean iguales o que todos tengan el mismo potencial de desarrollo muscular. El debilucho de 100 libras que pasa por el gimnasio no tiene la misma musculatura que el culturista de 250 libras del gimnasio. Ambos tienen los mismos músculos, pero en diferentes grados y con diferentes niveles de potencial. Incluso si el niño enclenque fue al gimnasio y se ejercitó, puede que nunca llegue a los mismos niveles que un culturista con una habilidad natural, así es precisamente cómo funciona la intuición.

En resumen, todos nacen con intuición, como todos nacen con músculos. Algunos tienen un cierto potencial natural, lo que les da una intuición más fuerte sin siquiera tener que intentarlo, mientras que otros pueden tener que esforzarse, o al menos, trabajar más duro para desarrollar sus capacidades intuitivas. Además, aquellos que dedican el tiempo y el esfuerzo diariamente para desarrollar y fortalecer su intuición se volverán mucho más fuertes con el tiempo que aquellos que no lo hacen. Por lo tanto, aunque todo el mundo tiene intuición, esto no significa que todos puedan simplemente decirle qué carta tiene en la mano, o aprovechar la mente de su pariente que se fue hace mucho tiempo para transmitir un mensaje que quieren que usted escuche. Tales dones son únicos para individuos específicos, e incluso entonces, deben ser perfeccionados y nutridos para lograr el máximo efecto. El truco es descubrir su potencial inherente en cuanto a la intuición, y luego tomarse el tiempo para desarrollar ese potencial al máximo.

Diferentes formas de intuición

Como ya se ha dicho, no todas las intuiciones son iguales. Por consiguiente, hay muchos "lenguajes" diferentes hablados por el alma, cada uno de ellos es único para el individuo. Algunas personas estarán dotadas de la capacidad de ver las cosas con los ojos de su mente, mientras que otras estarán más dotadas cuando se trata de "sentir su camino" a través de una situación, tomando las decisiones correctas sin ningún conocimiento o experiencia previos. Afortunadamente, estas diversas formas de intuición pueden clasificarse en unas pocas categorías, lo que facilita su comprensión y manejo. Aunque hay hasta seis o siete categorías diferentes, dependiendo de la tradición que se explore, esta sección tratará de las cuatro más comunes. Estas cuatro formas se conocen como clarividencia, clariaudiencia, clarisentencia y clariconsciencia.

La clarividencia es la habilidad de ver claramente con el ojo de la mente. Algunas personas pueden considerar esto como una forma de imaginación, y en realidad, la imaginación de una persona puede tener un gran impacto en sus capacidades clarividentes. Sin embargo, el elemento básico de la clarividencia es la capacidad de ver en la mente una persona, un lugar o un evento tan claramente como si estuviera observando esas cosas con su ojo físico. Las personas con esta capacidad pueden ver eventos futuros, eventos lejanos, o incluso las caras de las personas que verán inesperadamente en los días siguientes. En pocas palabras, la clarividencia es el lenguaje visual del alma. Es cuando el alma envía una imagen al individuo en un intento de informarle de algo significativo. La mayoría de la gente descarta tales imágenes como un desorden en sus mentes, solo para recordarlas más tarde, después de que el evento o la persona en la imagen se ha presentado en la vida real. En cambio, quienes reconocen y desarrollan esta habilidad pueden utilizar esas imágenes para estar mejor preparados para los acontecimientos que se van a producir en su vida, lo que les permite aprovechar al máximo esos acontecimientos cuando se producen.

La clariaudiencia es el lenguaje de la intuición basada en el sonido. A menudo se refiere a la "voz interior" de una persona, es cuando el alma envía información a la mente de la persona en forma de palabras habladas. Demás está decir, que no es el mismo fenómeno que experimentan las personas que tienen episodios esquizofrénicos en los que las voces de sus cabezas les dicen que cometan atrocidades, sin embargo, la voz del alma puede sonar tan real para una persona como la voz de su mente consciente. De hecho, cuando una persona desarrolla su clariaudiencia a altos niveles, puede virtualmente tener un diálogo interno entre su mente consciente y subconsciente, discutiendo y debatiendo el tema en cuestión. La voz interna es quizás la segunda forma más común de intuición experimentada por innumerables personas en todo el mundo. Mientras que algunos la reconocen como intuición, otros la atribuyen a Dios, a los ángeles guardianes, a los guías espirituales y a otros similares. La verdad es que todas estas cosas pueden ser correctas. La clariaudiencia simplemente indica que una persona recibe un pensamiento intuitivo a través de la palabra hablada. Desde donde se pronuncian esas palabras es otra conversación al completo.

Si la clariaudiencia es la segunda forma más popular de intuición, la *clarisentencia* es probablemente la más común. Es cuando la intuición toma la forma de un sentimiento, específicamente un sentimiento visceral. El término "tengo un mal presentimiento sobre esto" es todo menos un cliché, se ha utilizado tantas veces y en muchos entornos diferentes. Aun así, la razón por la que se ha usado tan a menudo se reduce a que casi todo el mundo puede relacionarse con él. Por lo tanto, casi todo el mundo ha tenido una experiencia de la clarividencia en su vida. La mayoría de las veces, se produce cuando un individuo tiene un buen o mal presentimiento sobre otra persona, lo que le da una dirección cuando se trata de tomar decisiones con respecto a esa otra persona. En el caso de tener un mal presentimiento sobre alguien, un individuo puede tomar mejores precauciones para salvaguardar su bienestar. Por otra parte, en el caso de que una persona tenga un buen presentimiento sobre alguien, puede indicar el potencial de una amistad próspera, o en muchos casos, incluso de un matrimonio. Lo que hace que la clarisentencia sea significativa es su casi perfecta precisión, demostrando la naturaleza muy real de la intuición y la información que tiene que ofrecer.

Finalmente, está la *clariconsciencia*. Esta es quizás la más rara de todas las formas de intuición, tomando la forma de una persona que tiene un conocimiento inherente de algo en lo que no tiene experiencia o entrenamiento. Para el observador casual, puede parecer como si una situación o un objeto se revelara simplemente a una persona con clariconsciencia, como si estuviera viendo un manual de instrucciones que nadie más podría ver. Tal persona puede caminar hasta donde necesite estar en un lugar extraño sin necesidad de instrucciones o un mapa. Alternativamente, puede tomar un instrumento complejo y simplemente saber cómo usarlo, como si lo hubiera estado usando toda su vida. Los individuos con esta forma de intuición suelen aprender rápido, ya que combinan sus habilidades cognitivas con su intuición, permitiéndoles aprender algo tanto consciente como inconscientemente al mismo tiempo. Si alguna vez ha "sabido" algo, una respuesta a una pregunta, o cómo realizar una nueva tarea, probablemente ha aprovechado su potencial clariconsciente sin darse cuenta.

Algunos ejemplos de intuición en la vida real

Hay muchos ejemplos de historias de intuición en la vida real en las que una persona usó su conocimiento inherente para tomar una decisión que más tarde resultó ser muy importante, incluso hasta el punto de salvar la vida de las personas. Uno de esos ejemplos ocurrió cuando un avión estaba sentado en la pista de aterrizaje esperando para despegar. Un pasajero oyó un ruido extraño y se alarmó mucho. Al principio, se dirigió a los demás pasajeros que la rodeaban, todos los cuales descartaron sus preocupaciones como una tontería. Finalmente llamó la atención de la tripulación, que también le aseguró que no había necesidad de preocuparse. Impávida, se negó a calmarse hasta que el avión fuera inspeccionado. Al inspeccionarlo, se descubrió un grave defecto que casi con toda seguridad habría provocado que el avión se estrellara durante el vuelo, matando potencialmente a todos los que iban a bordo. Este ejemplo podría entrar en varias categorías de intuición, incluyendo la clariaudiencia por escuchar el sonido, y la clarisentencia por tener un mal presentimiento que simplemente no desaparecería.

Ciertas culturas tratan la intuición con mucho más respeto y aceptación, lo que da como resultado una integración perfecta de la intuición en la vida cotidiana. Quizás el mejor ejemplo de esto es la medicina ayurvédica. Esta es la forma tradicional de medicina que se ha practicado en la India durante casi cinco mil años. Consiste en que el médico toma el pulso del paciente con tres dedos, lo que le permite determinar los desequilibrios energéticos del individuo, así como las posibles formas de tratarlos. Esto mezcla claramente el intelecto con la intuición, proporcionando un enfoque más holístico tanto de la enfermedad como de los métodos para tratarla. No hace falta decir que los médicos de esta tradición necesitan ser tanto expertos en las artes psíquicas como en la ciencia de la medicina.

Desafortunadamente, la mayoría de la gente ha experimentado la intuición en el sentido de que ignoran el mensaje que escuchan, solo para descubrir su significado cuando es demasiado tarde. Un ejemplo de esto ocurrió cuando una mujer necesitaba alcanzar algo en un estante alto de su casa. Mientras agarraba una silla cercana para pararse, escuchó una voz que le decía que no usara esa silla, prácticamente gritándole la advertencia. Desestimando el aviso, procedió a pararse en la silla, que inmediatamente se rompió debajo de ella, dejándola en el suelo con dolor y con el codo dislocado. Mientras estaba en el hospital, prometió escuchar siempre esa voz en el futuro, ya que había demostrado su valor más allá de cualquier duda razonable.

Cómo desarrollar sus habilidades intuitivas

Nuevamente, aunque todos tienen habilidades intuitivas, esas habilidades deben ser desarrolladas para que tengan un valor real. Esto no es diferente a estudiar para aprender un idioma, o poner el tiempo y el esfuerzo para desarrollar músculos más fuertes. Afortunadamente, las técnicas para desarrollar sus habilidades intuitivas son bastante sencillas, y requieren más tiempo que el esfuerzo real para lograr los resultados deseados. Los siguientes ejemplos son algunos de los métodos más comunes y efectivos para fortalecer sus músculos intuitivos

Una de las primeras cosas que una persona necesita hacer para desarrollar habilidades intuitivas es ponerse en contacto con su cuerpo. Con demasiada frecuencia, el ruido y el caos que llena la mente impiden que un individuo escuche el mensaje que su cuerpo le está enviando. A veces ese mensaje puede venir en forma de la típica sensación visceral, pero otras veces, puede venir en forma de palmas sudorosas, aumento de la frecuencia cardíaca, nerviosismo o cualquier otra cantidad de síntomas físicos que pueden servir como advertencia de una fatalidad inminente. Para escuchar el mensaje que su intuición está enviando, debe tomarse el tiempo para comprobar cómo se siente físicamente a lo largo del día. Esto es particularmente cierto si está tomando una decisión, por lo que una reacción física negativa podría servir como una advertencia para evitar una elección particular. También puede ocurrir de repente, cuando su cuerpo reacciona a algo que aún no se ha experimentado. La clave es tomar nota de todas las veces que su cuerpo reacciona de forma inusual. A medida que se sintoniza con su cuerpo, puede empezar a reconocer las señales que le está enviando, utilizando así la información para evitar problemas o errores que pueden resultar costosos. Llevar un diario es una de las formas más efectivas de desarrollar esta conexión. Anote cualquier sentimiento inusual que tenga en un día en particular, registrando cualquier experiencia que corresponda a esos sentimientos. Con el tiempo, descubrirá la diferencia entre la advertencia y la realidad, lo que le permitirá reconocer y utilizar esas advertencias con mayor eficacia.

Lo mismo puede decirse de su voz interior. Si es el tipo de persona que escucha comentarios al azar, especialmente advertencias o instrucciones, entonces probablemente tiene un fuerte sentido de clariaudiencia. Para desarrollar esta capacidad, necesita empezar a prestar atención a los mensajes que escucha. Llevar un diario es una excelente manera de desarrollar esta conexión. A medida que escribe las palabras que escucha durante un día determinado, también puede escribir cualquier evento que haya ocurrido que pueda validar el mensaje contenido en esas palabras. Esto resultará especialmente cierto en el caso de que ignore las palabras y sufra las consecuencias. A medida que grabe las advertencias que ignoró, junto con el resultado no deseado, establecerá tanto un patrón como un sentido de validación que le ayudará a escuchar esa voz, siguiendo sus instrucciones más fácilmente a medida que desarrolle un fuerte sentido de confianza en ella. Además, este ejercicio le ayudará a distinguir entre la voz interior de la intuición y otros sonidos aleatorios que provienen de su imaginación o de su memoria. Cuanto más tiempo y esfuerzo dedique a estudiar las "voces de su cabeza", más fácil le resultará distinguirlas, permitiéndole desechar la basura y seguir los consejos de su intuición.

Por último, está el método de potenciar sus sueños. Una vez más, llevar un diario es uno de los mejores métodos para lograr este objetivo. Cada mañana tómese el tiempo de escribir todo lo que pueda recordar sobre sus sueños de la noche anterior. Al principio, puede que no recuerde mucho, pero a medida que continúe la práctica, descubrirá que el recuerdo de sus sueños mejorará exponencialmente. Además, la intensidad y la frecuencia de sus sueños también aumentarán, haciendo que su tiempo de sueño sea mucho más productivo. Escribir sus sueños lo ayudará a discernir la diferencia entre aquellos que son simplemente fantasiosos, en contraposición a aquellos que son, de hecho, mensajes de su intuición. Pronto sabrá qué sueños escuchar, y cómo entender el mensaje que le están dando. De nuevo, puede comenzar como una cuestión de prueba y error donde entiende el mensaje que un sueño estaba enviando después del hecho. Eventualmente, comenzará a reconocer los mensajes más fácilmente, pudiendo seguirlos y disfrutar de los beneficios que tienen para ofrecer. Esto también contribuirá en gran medida al desarrollo de todas las demás capacidades clarividentes, ya que el desarrollo de los sueños es, en esencia, el desarrollo del ojo de la mente.

Si todavía no está seguro de sus habilidades intuitivas inherentes, el mejor plan de acción es tratar de desarrollar una a la vez, tomando alrededor de un mes en cada caso. Si pasa un mes desarrollando la memoria de sus sueños, pero hace poco o ningún progreso durante ese tiempo, entonces tal vez los sueños no son lo suyo. Intente desarrollar su voz interior a continuación, y si eso produce pocos o ningún resultado, entonces pase a la clarisentencia o la clariconsciencia. Al final, todo el mundo tiene un talento específico en el ámbito de las habilidades intuitivas. Algunos pueden tener ya una buena idea de lo que es ese talento, mientras que otros pueden tener que tomarse el tiempo para descubrirlo por sí mismos. Lo importante es seguir siendo paciente y diligente, poniendo el tiempo y el esfuerzo necesarios para lograr los resultados que vendrán mientras se mantenga el rumbo.

Capítulo 4: Las Claris: clarividencia, clariaudiencia, clarigusto, clariconsciencia y clarisentencia

En el corazón de todas las habilidades psíquicas hay cinco habilidades o dones principales. Estos son comúnmente conocidos como "claris": clarividencia, clariaudiencia, clarigusto, clariconsciencia y clarisentencia. La mayoría de ellas ya han sido discutidas en pequeña medida, pero este capítulo profundizará en cada una de ellas, revelando su verdadero papel en la búsqueda para descubrir y desarrollar sus talentos psíquicos. Además, se darán ejemplos de la vida real, ayudándole a saber si ha tenido alguna experiencia en una o más de estas áreas. En definitiva, cualquier habilidad psíquica puede ser rastreada a una "clari" u otra, lo que significa que cualquier persona con cualquier talento psíquico puede identificarse con al menos una de las habilidades psíquicas discutidas en este capítulo. Además, se comentarán ejercicios y métodos para el desarrollo, dándole las herramientas necesarias para elevar sus habilidades psíquicas al siguiente nivel.

Clarividencia

De todas las "claris", la que probablemente es más conocida por el común de las personas es la clarividencia. Esta es la capacidad de ver claramente con el ojo de la mente, como se describe en el propio nombre, que significa "visión clara". Aunque la clarividencia es un término único, existen numerosas formas de clarividencia, cada una de ellas única a su manera. Por ejemplo, algunas personas pueden ver acontecimientos en la vida de otras personas aprovechando su capacidad de clarividencia. Aquí es donde entra en juego la imagen de un adivino usando una bola de cristal. Mientras que pocos clarividentes utilizan una bola de cristal para aprovechar sus visiones, la imagen en sí es lo importante. Tal persona puede ver una imagen tan clara como el día en su mente, una que involucra a otra persona o grupo de personas. Estas imágenes pueden ser advertencias de un peligro inminente o buenos presagios que apuntan a promociones de trabajo, a conocer a un futuro cónyuge, o incluso al nacimiento de un hijo. Al final, es un poco como soñar despierto con la vida de otra persona, con la única diferencia de que, en este caso, el sueño se hace realidad.

La mayoría de las personas han experimentado la clarividencia al menos una vez en su vida, estén conscientes o no de ello. Aquí es donde entra en juego la segunda forma de clarividencia, vale decir, la de ver a una persona en su mente con la que se cruzará en la vida real en el futuro inmediato. Existen innumerables historias en las que una persona ve la imagen de un amigo o un ser querido, a veces alguien a quien no ha visto en mucho tiempo, solo para recibir una llamada telefónica o una visita sorpresa de esa persona durante el día. Un buen ejemplo de esto es una historia en la que el gerente de una tienda minorista siempre sabía cuándo el gerente de distrito haría una visita sorpresa, porque veía la cara de su gerente de distrito, ya sea en un sueño la noche anterior o en el ojo de su mente durante la mañana mientras se preparaba para el trabajo. No hace falta decir que esto le daba una gran ventaja, ya que siempre estaba preparado antes de la visita "sorpresa", quedando bien con los jefes.

Otra forma de clarividencia es la capacidad de ver un lugar o un evento con el que entrará en contacto antes del hecho. Existen numerosos relatos de personas que "ven" su próxima casa antes de decidir buscar otro lugar para vivir. A primera vista, esto podría no parecer una habilidad importante, sin embargo, puede tener implicaciones muy profundas. Mientras que el mero hecho de que una persona vea una casa incluso antes de buscarla es asombroso, el mensaje que subyace al fenómeno será, la mayoría de las veces, de validación. En otras palabras, saber cómo será su futura casa puede ayudarle a tomar la decisión correcta, rechazando las otras opciones hasta que encuentre aquella para la que su intuición le ha preparado. Lo mismo puede suceder en términos de elegir un nuevo trabajo, un auto, o incluso una pareja. En el momento en que vea el resultado final, ya no tiene que averiguar qué decisión tomar. Esto asegura que siempre tome la decisión correcta.

A pesar de que casi todos han tenido una experiencia clarividente en algún momento, no significa que la clarividencia sea la habilidad psíquica personal de todos. La pregunta, por lo tanto, es ¿cómo sabe si es su habilidad personal? La respuesta simple se reduce a dos cosas: frecuencia e intensidad. Si usted ha tenido numerosas experiencias de ver a una persona o un evento antes de que ocurra, incluso haciéndolo ordinario y mundano en su mente, entonces usted tiene el don de la clarividencia. Además, si sus sueños son vívidos, o puede imaginar cosas en su mente con gran claridad y detalle, entonces la clarividencia es probablemente su don. Una vez que toma esa determinación, el siguiente paso es desarrollar su habilidad al más alto nivel posible.

El primer paso para lograr este objetivo es practicar meditación regularmente. No tiene que hacer nada elaborado, simplemente haga una práctica que le permita aclarar su mente al principio y final de cada día. Aclarar su mente por la mañana le ayudará a aprovechar su clarividencia durante el día, permitiéndole ver las cosas antes de que se desarrollen. Realizar la práctica al final del día le ayudará a soñar mejor por la noche, dándole una mente clara que estará más abierta a las imágenes vívidas del mundo espiritual. Otra técnica probada para desarrollar su clarividencia es llevar un diario clarividente. En este diario, registrará todos sus sueños, junto con las imágenes que reciba durante el día. Junto a cada visión, registrará el evento correspondiente que se desarrolla, reflejando la precisión de su visión. Este ejercicio tiene dos propósitos: primero, creará una sensación de confianza en su habilidad, haciendo que preste más atención al fenómeno y que acepte los mensajes que recibe; segundo, aumentará su conexión con el ojo de su mente. Cuanto más tiempo pase enfocándose en sus experiencias, más fuertes y frecuentes se volverán. Al final, al asegurar que su mente está clara y al registrar sus visiones a medida que ocurren, pronto desarrollará su clarividencia hasta el punto de que verá cualquier evento o resultado simplemente sintonizando con su visión interna, dándole así una ventaja incalculable a la hora de tomar las decisiones y elecciones correctas en cada ocasión.

Clariaudiencia

La siguiente clari a considerar es la de la clariaudiencia. Como ya se ha mencionado, esta es la habilidad de oír con la mente, de ahí el significado del nombre "oído claro". Aunque no es tan común como la clarividencia, este es otro fenómeno psíquico que muchas personas de todo el mundo han experimentado en algún momento. En pocas palabras, es cuando se oye algo que no se puede oír en el mundo físico que nos rodea. La mayoría de las veces, ese sonido será una voz, que normalmente le dirá una palabra, un número o algún otro mensaje como si alguien le susurrara al oído. Desafortunadamente, la mayoría de la gente descarta tales encuentros como un truco del viento o un mero producto de su imaginación. Sin embargo, aquí hay una importante lección. Incluso si tal voz fuera el producto de la imaginación de una persona, eso no significa que el mensaje en sí mismo sea inexacto o sin importancia. Después de todo, ¿qué es la imaginación sino una forma de diálogo interior? Por lo tanto, la mecánica de la clariaudiencia no es tan importante como la naturaleza del evento en sí. Si escucha una voz, una que sabes que no es de su entorno físico, debe escuchar lo que dice sin importar su origen.

Otra forma en que la clariaudiencia toma forma es en la persona detrás de la voz. A veces el mensaje que se transmite no es sobre las palabras que se dicen, sino sobre la persona que las dice. Por lo tanto, si alguna vez pensó que escuchó la voz de una persona, como un amigo o un ser querido, aunque esa persona no estuviera cerca, podría muy bien ser que esté pensando en usted en ese momento o que necesite su ayuda. A veces, un evento de este tipo puede simplemente predecir un encuentro casual con esa persona en particular más tarde en el día, o incluso una llamada telefónica o un correo electrónico de ellos. Lo importante es recordar que si escucha una voz que reconoce, aunque esa persona no esté en ninguna parte, entonces esa persona es importante en el momento por una razón u otra. Depende de usted descubrir ese significado a lo largo del día, ya sea que decida llamar a esa persona para comprobar su estado o simplemente para estar pendiente de ellos durante el día, lo importante es no descartar nunca un evento de ese tipo, ya que podría perderse una experiencia significativa.

Un buen ejemplo de una experiencia real de clariaudiencia ocurrió en un funeral, en el que un marido y padre muy querido fue puesto a descansar. Aunque el funeral se llevó a cabo sin incidentes, fue después del evento que las cosas se pusieron interesantes. Un amigo de la familia había asistido al funeral por cortesía, aunque nunca había pasado tiempo con el hombre que murió. Durante la recepción, se acercó a la hija y le preguntó cómo llamaba su padre a la madre, con apodos o cosas por el estilo. Aturdida por la pregunta, la hija no respondió. En ese momento, el amigo le dijo que había oído una voz en la tumba que decía: "Hola, cariño", tan clara como el día. Su declaración hizo que la hija llorara, ya que resultó que era exactamente como su padre llamaba a su madre todo el tiempo.

Cuando se trata de determinar si la clariaudiencia es o no su conjunto de habilidades, se aplican los mismos elementos que con la clarividencia. Esto es, ¿cuántas veces y con qué claridad escucha las voces? Si escucha voces claramente y con regularidad, es probable que tenga una mayor habilidad en lo que se refiere a la clariaudiencia. Lo siguiente que hay que hacer es desarrollar su conjunto de habilidades tanto como sea posible. Afortunadamente, las mismas técnicas utilizadas para desarrollar y fortalecer la clarividencia son las que necesitará para desarrollar y fortalecer la clariaudiencia. En primer lugar, necesita practicar la meditación regularmente. Después de todo, si su mente está llena de caos y ruido, no será capaz de escuchar mucho más allá de sus propios pensamientos. Sin embargo, cuando su mente esté despejada, oirá con su oído interno tan bien como con su oído físico. A continuación, necesita llevar un diario en el que registre cada encuentro. Al principio, algunas de sus experiencias pueden resultar ser lecturas falsas, consecuencia del desorden que llena su mente, sin embargo, después de que la práctica de la meditación comience a asentarse y su enfoque en su oído interno aumente, sus encuentros se harán más frecuentes, más intensos y, lo más importante, más precisos.

Clarigusto

Quizás el menos común de todos los fenómenos de clarividencia es el del clarigusto. Significa "sabor claro". Esta es la capacidad de prácticamente probar algo sin tener que tenerlo en la boca. Esta habilidad puede parecer completamente inútil a primera vista, después de todo, ¿qué significado puede tener un sabor? Sin embargo, la verdad es que el sentido del gusto, junto con el del olfato, se ha demostrado que son los principales sentidos responsables de activar la memoria de una persona. ¿Cuántas veces ha comido un trozo de pastel o alguna otra comida casera solo para recordar los recuerdos de la infancia de haber comido alimentos de sabor similar?

Esta puerta a la memoria puede ser muy efectiva cuando se trata de conectar con amigos o seres queridos, cercanos o lejanos, vivos o fallecidos.

La noción de que un alma difunta continúa amando y cuidando a los que dejó atrás es una creencia común entre innumerables tradiciones de todas las culturas y todos los puntos de la historia humana. Dado que el habla física es imposible para un alma difunta, deben confiar en otra forma de comunicación, una que les permita ser vistos u oídos a pesar del velo que los separa de los vivos. Dado que el gusto puede evocar algunos de los recuerdos más fuertes, ¿qué mejor manera de comunicarse que poniendo un sabor familiar en la boca de la persona con la que están tratando de comunicarse? Por lo tanto, la próxima vez que comience a probar las galletas de su abuela, que ya se fue hace mucho tiempo, en lugar de simplemente descartarlo como una casualidad, tómese el tiempo para contemplar a su abuela, incluso hablándole, diciéndole cuánto la ama y extraña. Hay una gran posibilidad de que ella le diga lo mismo enviándole el sabor de sus galletas, y así recordarla.

El lenguaje del clarigusto no se limita a los difuntos, sino que puede ser igual de efectivo cuando se trata de conectar con personas que aún forman parte del reino físico. Si, por ejemplo, comienza a probar la comida de su madre, aunque esté a cientos de kilómetros de distancia, puede ser algo más que un capricho pasajero: puede que esté pensando en usted en ese momento, haciendo que reaccione experimentando un sabor que le haga recordar su rostro. Alternativamente, ella puede necesitar su ayuda, o estar a punto de llamarle o visitarle. Finalmente, el lenguaje del gusto es un poco vago en el sentido de que no puede proporcionar un contexto claro todo el tiempo, como la clarividencia o incluso la clariaudiencia. Por lo tanto, este es un conjunto de habilidades que realmente necesita ser desarrollado cuidadosamente si se quiere que tenga un valor real.

Una forma de mejorar su capacidad de clarigusto es llevar un diario en el que registre cualquier sabor que se produzca aparentemente de forma inesperada. Junto al sabor, escriba la persona o evento con el que lo asocia. Finalmente, anote cualquier encuentro que pueda explicar el evento en primer lugar. En otras palabras, si se encuentra probando la comida de su madre, y luego recibe una llamada telefónica o una visita de ella más tarde en el día, registre esas cosas juntas, permitiéndose ver la relación entre su experiencia psíquica y su experiencia física. Si esto es algo con lo que no puede relacionarse en absoluto, entonces lo más probable es que no tenga el don del clarigusto. Dado que esta es la más rara de las habilidades de la clarividencia, no sería sorprendente, sin embargo, si esto es algo que ha experimentado de vez en cuando, entonces podría ser uno de los pocos individuos que posean esta habilidad, lo que hace absolutamente vital que dedique el tiempo y la energía necesaria para nutrir y fortalecer este raro y único don.

Clariconsciencia

La clariconsciencia, o "conocimiento claro", es probablemente una de las habilidades más útiles de las claris, que permite a una persona conocer virtualmente una cosa sin haber tenido nunca antes experiencia o entrenamiento en el área. De hecho, esta es la habilidad que más se asocia con el concepto general de la intuición. Una de las definiciones más comúnmente aceptadas de la intuición es la de un conocimiento inherente, algo que se entiende desde dentro y no desde fuera. A veces este conocimiento viene en forma de inspiración o imaginación, haciendo que una persona parezca prácticamente un genio con lo que puede producir o lograr. Otras veces viene en forma de conocimiento oportuno, como el simple hecho de saber que hay que evitar una determinada carretera en un momento determinado, para luego descubrir que un accidente en esa carretera podría haber resultado devastador, tanto en términos de tiempo como de bienestar. Al final, el hilo conductor es que la clariconsciencia es la capacidad de saber más allá de lo que los sentidos físicos pueden percibir. Esto le da a una persona una visión incalculable del mundo que le rodea, permitiéndole alcanzar niveles de éxito con los que pocos sueñan.

Hay muchas formas diferentes en las que la clariconsciencia puede manifestarse en la vida de una persona. Una forma, aunque menos deseable, es la de un constante y persistente pensamiento que no desaparece. A veces esto puede aparecer como la conocida "señal de alerta" cuando se sabe que algo no tiene sentido con respecto a una situación o historia. Aunque no pueda poner el dedo en la llaga en este momento, sabes que hay más de lo que se ve a simple vista. Esto puede confundirse a menudo con la clarividencia y las dos se superponen a menudo, lo que significa que puede tener un mal presentimiento sobre algo, porque las cosas no tienen sentido. Sin embargo, la clariconsciencia va un paso más allá, permitiéndole adivinar la respuesta a su debido tiempo. Algunos se refieren a esto como el proceso de germinación, en el que la semilla de una idea prácticamente crece dentro del individuo, produciendo eventualmente la solución del problema en cuestión. El resultado es ese "momento de eureka" en el que finalmente se comprende una situación particular, aunque desde una perspectiva intuitiva.

Un buen ejemplo de esto es el caso de un mentiroso. La gente con clariconsciencia casi siempre será capaz de detectar a un mentiroso, porque su intuición les dice que hay problemas con la historia que se está contando. Una vez más, un mal presentimiento puede acompañar este evento, uniendo la clarividencia con la clariconsciencia, sin embargo, la persona clarividente eventualmente será capaz de juntar las anomalías de la historia, probando las falsas intenciones de la persona involucrada. Otra forma en que la clariconsciencia toma forma es a través de pensamientos o ideas aleatorias y aparentemente no relacionadas que vienen a la mente. Esto no es lo mismo que el ruido aleatorio que llena la mente de la mayoría de la gente, sino que es cuando una persona tiene un pensamiento o una idea al azar que resulta significativo en el futuro inmediato. Cosas como cocinar comida extra, solo para que lleguen invitados inesperados durante la cena, o cerrar las ventanas antes de salir de casa en un día soleado y sin nubes, contando sus bendiciones cuando ve aparecer fuertes lluvias aparentemente de la nada. Tal conocimiento de los eventos más allá de lo evidente es un claro signo de habilidades clariconscientes.

Es bastante fácil determinar si usted es o no una de las muchas personas con este conjunto de habilidades particulares. Todas las personas clariconscientes tienden a tener un amor por la resolución de problemas, la mayoría de las veces aprovechando su intuición para encontrar soluciones que otros nunca habrían pensado en un millón de años. Además, las personas clarividentes tienden a analizar las cosas con cuidado, dándoles los conocimientos necesarios para tomar la mejor decisión cada vez. Si puede relacionarse con estos rasgos, probablemente seas clarividente. Además, si alguna vez ha hecho algo o tomado una decisión que parece fuera de lugar en el momento, pero que resulta muy correcta y valiosa más adelante, lo más probable es que sepa cómo aprovechar su intuición y seguir su guía.

Desarrollar la clariconsciencia es una cuestión de confianza más que otra cosa. La mayoría de las personas con esta capacidad ya tienen pensamientos claros, el problema es que no siempre actúan sobre esos pensamientos, generalmente, porque no hay una razón lógica para hacerlo, sin embargo, la mayoría de las veces, esos pensamientos demuestran ser verdaderos muy pronto. No cerrar las ventanas en ese día soleado y claro, solo para llegar a casa a un alféizar empapado, es solo un ejemplo de cuando ese conocimiento inherente demuestra ser infalible. La mejor manera de construir esa confianza es llevar un diario, uno en el que se registren los pensamientos que tiene, junto con si es que ha seguido su intuición o no. Luego registrar los resultados. Desafortunadamente, habrá momentos en los que no podrá probar el valor de seguir su intuición. Después de todo, si no gira por una calle, evitando así un accidente del que habría formado parte, ¿cómo lo sabrá? Por lo tanto, la mayor prueba vendrá normalmente cuando no siga la intuición, resultando en las experiencias negativas que podrían haber sido evitadas de otra manera.

Clarisentencia

La última clari que mencionar es la clarisentencia, o "sentimiento claro". Esta es una de las cualidades de la clarividencia más fáciles de reconocer y desarrollar. Ya discutida con bastante detalle en el capítulo anterior, la clarisentencia es la habilidad psíquica de sentir una situación dada. Al igual que en la clarividencia, los sentimientos pueden tender a ser malos en lugar de buenos, lo que indica el propósito de la capacidad. En general, la mayoría de las habilidades psíquicas sirven como advertencias, ayudando a protegerse de los daños o de tomar decisiones de las que se arrepentirá más tarde. Por lo tanto, aprender a reconocer los momentos en los que tiene episodios de clarisentencia puede ser muy útil para mejorar su vida cotidiana, manteniéndolo seguro y en el camino hacia el éxito, evitando los giros que pueden llevarlo por mal camino.

Una de las formas más fáciles de determinar si tiene o no el don de la clarisentencia es considerar cómo responde cuando conoce a la gente por primera vez. Si es fácilmente engañado por gente falsa, entonces probablemente no tiene el don. Sin embargo, si es del tipo que tiene una "corazonada" sobre una persona, normalmente en marcado contraste con su apariencia exterior, entonces este es probablemente su punto fuerte. De nuevo, la mayoría de las veces, la sensación será negativa, advirtiéndole del peligro subyacente inherente a la persona con la que se encuentre o con la que este en contacto. Incluso si esta persona parece digna de confianza y decente, si tiene un mal presentimiento sobre ella, ese sentimiento probará ser correcto tarde o temprano. Cuando ignora el sentimiento y confía en lo que le dicen sus sentidos físicos, lo más probable es que pague el precio por ignorar su intuición. Sin embargo, cuando sigue su intuición, incluso cuando parece completamente equivocada, será el único que quede en pie cuando todo se venga abajo. Si se imagina la docena o más de veces que esto le ha sucedido, entonces felicitaciones, ¡es un clarisintiente!

Demás está decir que los sentimientos instintivos pueden ser causados por la intuición o por lo que comió en el almuerzo, o por la falta de sueño o por cualquier otro número de condiciones que pueden afectar a su salud física y al bienestar. Como tal, debe ser siempre consciente del contexto de sus sentimientos, reconociendo si puede haber otras explicaciones menos siniestras que el engaño o la fatalidad inminente. Dar un paso atrás cada vez que tenga un sentimiento visceral y contemplar su verdadera naturaleza casi siempre dará respuestas inmediatas. Después de todo, su intuición no está para engañarlo, sino para protegerlo. Por lo tanto, si tiene un mal presentimiento que surge de la nada y se tomas un momento para contemplarlo, si es el resultado de su almuerzo, su mente se lo dirá, de una manera u otra.

Sin embargo, si es más significativo, puede estar seguro de que su mente le alertará del peligro real que se avecina. Después de todo, la sensación no es el mensaje en sí mismo, sino que es la llamada a la puerta o el timbre del teléfono. Solo tiene el objetivo de llamar su atención. El truco es reconocerla cuando lo hace, para despejar su mente y aceptar lo primero que se le viene a la mente cuando está en ese estado. Puede tener una imagen de una persona o un evento, o simplemente puede saber que el sentimiento está relacionado con una persona con la que está o con un evento en el que está involucrado actualmente. Tomarse el tiempo para prestar atención a cualquier sensación extraña que tenga, como las sensaciones intestinales, los pelos del cuello o los brazos parados, los síntomas de un ataque de pánico sin razón lógica, o cualquier otra anomalía física que no tenga relación con el momento, es el primer paso para fortalecer este conjunto de habilidades. Cuanto más en contacto con sus sentimientos, más fuertes serán esos sentimientos y más regular ocurrirán.

El siguiente paso es empezar a registrar los eventos en un diario. Solo estudiando sus sentimientos y las circunstancias que los rodean puede comenzar a entender mejor su origen y significado. Esta es también una muy buena manera de ser capaz de distinguir los sentimientos intuitivos de los causados por condiciones fisiológicas. Además, al registrar las veces que has tenido un mal presentimiento sobre alguien, que más tarde resultó ser un peligro de una forma u otra, le permitirá confiar cada vez más en sus sentimientos, ayudándolo así a beneficiarse del mensaje que están tratando de enviar. Al final, el valor de llevar un diario simplemente no puede ser exagerado. Una persona que lleva un diario nunca lucha con sus habilidades psíquicas. Por otra parte, pocas personas que nunca llevan un diario disfrutan de todo el potencial de sus habilidades inherentes. Así que, si quiere desarrollar su habilidad, no importa lo que sea, lo más importante es llevar un diario en el que registre los eventos y luego regresar y revisarlos después para aprender las valiosas lecciones que contienen.

Capítulo 5: Telepatía

Del griego que significa "percepción lejana", la telepatía es el don psíquico que permite a una persona percibir los pensamientos y sentimientos de otra. También conocido como "leer la mente", este don es bastante común, y se asocia más a menudo con personas que comparten un vínculo estrecho, como hermanos o cónyuges. La capacidad de una persona de terminar la frase o el pensamiento de su pareja no es una coincidencia, ni es el resultado de que las dos personas tengan opiniones similares. Por el contrario, es un signo de que dos personas prácticamente comparten los mismos pensamientos. Aunque las parejas pueden desarrollar habilidades telepáticas juntas, normalmente limitadas a sus propios pensamientos y sentimientos, también es posible que un individuo desarrolle esas mismas habilidades, permitiéndole captar los pensamientos y sentimientos de las personas que le rodean, así como de individuos lejanos. En este capítulo se explorará la ciencia que subyace a la telepatía, así como las diversas formas en que se pueden nutrir y fortalecer las capacidades telepáticas. Además, se presentarán ejemplos de la vida real de la comunicación telepática, ayudándole a saber si la telepatía es su don psíquico personal.

Entendiendo la verdadera naturaleza de la telepatía

Lo primero que hay que entender sobre la telepatía es que no es la capacidad de entrar en la mente de otra persona y leer sus pensamientos como si estuviera leyendo una página de un libro. Si este fuera el caso, la palabra griega original habría sido diferente, usando el término para "leer" en lugar de "percibir". El fenómeno se basa, en cambio, en la percepción, o la capacidad de sentir los pensamientos de otra persona. A veces esto puede venir en forma de que los pensamientos de la otra persona aparezcan como propios, mientras que otras veces, el origen del pensamiento particular es más obvio. Sin embargo, el resultado es siempre el mismo: el pensamiento se convierte en su propio pensamiento también. Por lo tanto, en pocas palabras, la telepatía puede verse como la capacidad de compartir pensamientos, tanto en términos de enviar pensamientos a otros así como de recibir pensamientos de otros.

La forma en que se manifiestan esos pensamientos difiere de una persona a otra, y se determina según el funcionamiento de la mente del individuo. En el caso de alguien dotado de clariaudiencia, por ejemplo, los pensamientos de otra persona pueden venir en forma de una voz interior que dice una palabra o frase. Por otra parte, alguien más propenso a la visualización verá imágenes, ya sea de personas, colores, objetos o incluso eventos. Cuando dos personas con mentalidades similares comparten pensamientos, los resultados pueden ser más claros, como imágenes más claras en el caso de dos clarividentes, o sonidos más claros en el caso de dos clariaudientes. Afortunadamente, ambos miembros no tienen que tener cualidades mentales similares, pues simplemente mejora la experiencia.

La ciencia detrás del fenómeno

Los estudios en el cerebro humano han revelado numerosos conocimientos sobre el fenómeno de la telepatía. Una de estas ideas es que la mente está diseñada para recibir señales tanto de fuera del cuerpo como de dentro. El profesor Gregor Domes realizó pruebas en 2007, demostrando que ciertas "señales" dentro de las interacciones sociales pueden ser recogidas por una persona, permitiéndole prácticamente conocer las intenciones de otra persona. La mayoría de las veces, esto se da en el ámbito de las citas, donde se forma cierta química entre dos personas interesadas en iniciar una relación. Cuando una persona está menos dispuesta a que la química falte. Aunque el término "química" se ha usado a menudo de manera casual para describir la naturaleza de la conexión, resulta que el término es mucho más exacto de lo que la mayoría de la gente cree. De hecho, la hormona oxitocina es el principal elemento necesario para recibir estas señales sociales, lo que demuestra que la química en la situación es muy real.

La naturaleza de la telepatía a larga distancia se puso a prueba en 2014 cuando el psiquiatra Charles Grau realizó pruebas para determinar si se podía utilizar Internet para mejorar las capacidades telepáticas. Los experimentos demostraron que las personas en India eran capaces de comunicar palabras como "ciao" u "hola" a personas que estaban tan lejos como España con solo pensar en ellas mientras estaban en línea. No tenían que teclear las palabras, decir las palabras o usarlas de ninguna otra manera. Con solo pensar las palabras claramente en sus mentes, podían transmitirlas a través de miles de kilómetros a los destinatarios en el otro extremo. Aunque este experimento podría ser visto como una prueba de que ciertas personas están altamente dotadas con habilidades telepáticas, la verdadera revelación fue el significado de la propia Internet. Parece que los pensamientos, como cualquier otra forma de comunicación, pueden ser transmitidos electrónicamente. Por lo tanto, puede pensar en ellos como ondas de radio, moviéndose de una persona a otra y, al igual que las ondas de radio, la mejor manera de escuchar el mensaje es estar en la misma longitud de onda que el remitente, literalmente sintonizando su mente.

Otro estudio realizado en 2008 sirvió para localizar la parte del cerebro conectada a la actividad telepática. Se pidió a dos sujetos de prueba, uno experto en telepatía, también conocido como mentalista, y el otro un sujeto de control sin habilidades telepáticas demostrables, que dibujaran una imagen basada en una que había sido preparada en secreto. Mientras que el mentalista producía una imagen sorprendentemente similar, el sujeto de control no lo hacía. Aún más revelador fue el hecho de que el giro parahipocampal del mentalista se activó durante el experimento, mientras que no se activó dentro del sujeto de control. Esto demostró definitivamente la diferencia entre la verdadera telepatía y las meras conjeturas.

Aunque los estudios detallados de los científicos profesionales pueden arrojar mucha luz sobre la naturaleza de la telepatía, solo hace falta una comprensión básica de la ciencia para darse cuenta de cómo la telepatía tiene sentido realmente. Una vez más, se sabe que los pensamientos son señales eléctricas, como las ondas de radio. También se sabe que el agua es un buen conductor de electricidad. Por eso no es una buena idea estar en un charco durante una tormenta eléctrica. Dado que el cuerpo humano está compuesto de alrededor del 60 por ciento de agua, es lógico que el cuerpo de una persona pueda actuar como conductor principal de electricidad, y por lo tanto, un conductor principal de pensamientos. Mientras que esto explicaría las experiencias telepáticas de proximidad, solo la verdadera capacidad psíquica puede explicar los ejemplos de larga distancia, lo que significa que la telepatía puede ser vista como un fenómeno tanto natural como sobrenatural.

Ejemplos de experiencias telepáticas

Uno de los mejores ejemplos de experiencias telepáticas en la vida real se puede encontrar en el reino animal. La simple verdad es que la telepatía no es meramente una habilidad humana, pues se ha descubierto que numerosos animales también la poseen. Las aves son un ejemplo de ello. Cada vez que vea una bandada de pájaros volando en formación, notará que el grupo entero puede girar rápidamente. Así, cuando el pájaro líder cambia de dirección, toda la bandada también lo hace. No hace falta decir que esto previene las colisiones en el aire que harían que volar en bandadas sea peligroso e incluso mortal. La pregunta es, ¿cómo saben las aves cuándo cambiar de dirección? La comunicación telepática es la respuesta. Este es un ejemplo de telepatía de proximidad, en la que un individuo puede determinar la intención de otro. El mensaje viaja de un pájaro a otro en una fracción de segundo, creando un patrón de ondas cuando la bandada cambia de dirección.

Afortunadamente, también hay innumerables ejemplos de comunicación telepática dentro de la especie humana. Algunos de los ejemplos más sorprendentes provienen de relatos de gemelos que compartieron una experiencia similar, aunque sin saberlo en su momento. Una historia involucra a una gemela que se cortó el talón mientras se rasuraba en la ducha un día. Unos días más tarde, ella notó que su gemela también tenía una venda en el talón. Resulta que se había hecho su primer tatuaje en el lugar exacto y en el momento exacto en que la otra gemela se había cortado en la ducha. Aunque esto no es "leer la mente" como tal, demuestra la verdadera naturaleza de la telepatía, es decir, la percepción a distancia.

Otra historia involucra a gemelos que tuvieron su experiencia cuando aún estaban en la escuela. Uno de los gemelos tuvo que quedarse en clase para hacerse un examen mientras el otro fue a hacerse un análisis de sangre. Durante la prueba, un niño notó un vaso sanguíneo roto en su brazo. Unas horas más tarde, cuando los gemelos se reunieron, se dio cuenta de que su hermano tenía un vendaje en el brazo en el mismo lugar, el lugar donde se había inyectado la aguja para el análisis de sangre. Nuevamente, aunque no se trata de tener los mismos pensamientos, se trata de compartir la misma experiencia a través de la comunicación telepática. El proceso de pensamiento de uno se transmitió al otro, en cuyo momento el cerebro envió una señal al cuerpo, causando una reacción fisiológica similar.

Existen numerosos relatos que hablan de cuando un marido y su esposa se envían señales el uno al otro, como por ejemplo cuando uno tiene ganas de parar para comer una pizza de camino a casa, solo para descubrir que al otro se le antoja la pizza, o cuando uno coge un galón de leche que no está en la lista de la compra mientras está en la tienda, para luego descubrir que el otro ha derramado su leche prácticamente al mismo tiempo. Finalmente, por muy convincentes que sean estas historias, el hecho es que siguen siendo historias, y por lo tanto, no son tan convincentes como los datos científicos. Afortunadamente, hay una tendencia innegable en los datos científicos que demuestra, si no pruebas rotundas, que la telepatía es real. Se han realizado innumerables experimentos en los que una persona ha tenido que adivinar cosas, como la identidad de alguien que envía un mensaje o la foto de una tarjeta que alguien tiene en su poder, que han producido prácticamente los mismos resultados. Cuando las personas sin habilidades telepáticas simplemente adivinaron la respuesta, el promedio de éxito fue de entre el veinte y el veinticinco por ciento. Por otra parte, cuando alguien con habilidades telepáticas, como un mentalista, se sometió al mismo experimento, la tasa de éxito casi se duplicó, llegando hasta el 43 por ciento. Esta evidencia innegable demuestra que la telepatía es más que un truco, es más bien un fenómeno muy real y observable. No hace falta decir que si las historias mencionadas anteriormente le resultan familiares, en el sentido de que ha tenido experiencias similares en su vida, entonces apunta al hecho de que la telepatía es su habilidad psíquica inherente.

Cómo desarrollar sus habilidades telepáticas

Muchos de los ejercicios necesarios para desarrollar sus habilidades telepáticas son los mismos que se necesitan para desarrollar cualquier otra habilidad psíquica. Esto se debe a que la naturaleza fundamental de todas las habilidades psíquicas es en gran medida la misma, vale decir, la capacidad de aprovechar sus sentidos internos y entender el mensaje que esos sentidos le están comunicando. Por lo tanto, aunque algunos de los ejercicios que se enumeran a continuación parecerán redundantes, es solo por su importancia absoluta. Solo cuando practique seriamente cosas como meditación y yoga con regularidad, si no a diario, sus habilidades comenzarán a desarrollarse de forma real y significativa. Los siguientes son algunos ejercicios que le ayudarán a aprovechar y fortalecer sus habilidades telepáticas:

- **Meditación:** Nuevamente, para aprovechar sus habilidades psíquicas, debe obtener control sobre su mente, específicamente la cantidad de ruido y desorden que contiene. Así como se hace difícil escuchar lo que otra persona está diciendo cuando está en una habitación ruidosa, también puede ser casi imposible escuchar su voz interior cuando su mente es ruidosa y está llena de caos. Por lo tanto, es muy recomendable practicar regularmente meditación de relajación, ya que esto le ayudará a calmar su mente, permitiéndole así desarrollar una conexión más fuerte con su voz interior. Además, la meditación de atención plena es una buena práctica para desarrollar sus habilidades telepáticas, ya que este tipo de meditación está diseñada para fortalecer su capacidad de centrarte en un solo pensamiento o idea, sosteniéndolo el tiempo suficiente para captar su significado a fondo antes de soltarlo nuevamente. Para obtener los mejores resultados, se recomienda que practique ambos tipos juntos, comenzando con la meditación de relajación para aclarar su mente y luego pasando a la meditación de atención plena para ejercitar sus poderes de percepción.

La última forma de meditación necesaria para desarrollar sus habilidades telepáticas es la de la visualización. Este tipo de meditación lo ayudará a fortalecer su habilidad para visualizar un objeto, persona, evento o idea con mayor claridad y convicción. Dado que solo los pensamientos más fuertes viajan bien, debe pensar clara y profundamente si alguna vez quiere enviar sus pensamientos a otra persona. Esta es otra forma en la que los pensamientos pueden ser vistos como similares a las ondas de radio. Las transmisiones de radio débiles solo viajan distancias cortas y normalmente son difíciles de escuchar por el resto de los ruidos alrededor. Por el contrario, las señales de radio fuertes pueden viajar grandes distancias, anulando todo el ruido no deseado y captando así la atención del oyente. Al desarrollar su habilidad de visualización, se asegurará de que la señal que envíe a los demás sea fuerte, clara y potente, consiguiendo así que el mensaje deseado llegue en todo momento. Todos los pasos para estas formas de meditación están claramente explicados en el capítulo anterior sobre la meditación.

• **Yoga:** Se recomienda que practique yoga así como meditación de relajación para despejar su mente y lograr el estado de relajación necesario para conectar con sus habilidades psíquicas internas. Además de profundizar en el estado de relajación de su mente, el yoga tiene muchos beneficios fisiológicos que le ayudarán a mejorar sus habilidades telepáticas. Uno de estos beneficios es la mejora del flujo sanguíneo al cerebro. Al estirar los músculos, se libera la tensión que puede reducir el flujo de sangre que lleva oxígeno al cerebro, mejorando así la claridad mental. Cuanta más sangre reciba el cerebro, más oxígeno recibirá. El oxígeno es vital para cosas como la claridad de pensamiento, la memoria y la capacidad de visualizar, lo cual es fundamental para cualquiera que intente desarrollar su comunicación telepática. El yoga puede ser practicado en conjunto con la meditación o practicado por sí solo. Lo importante es integrar el yoga en su vida diaria para darle una mejor oportunidad de éxito en el desarrollo de cualquier habilidad psíquica.

• **Práctica uno a uno:** Dado que la telepatía requiere un mínimo de dos participantes, esta es una de las habilidades psíquicas que puede desarrollar con la ayuda de otro. Aunque puede elegir a cualquier persona para que le ayude en este ejercicio, se recomienda que elija a alguien que tenga, como mínimo, una mente lo suficientemente abierta como para creer en la telepatía y, como máximo, alguna experiencia propia en relación con la comunicación telepática. Si elige a alguien que no cree en el proceso, sus resultados se verán afectados. Una vez que encuentre una pareja adecuada, el siguiente paso es crear algunos ejercicios que le ayudarán a perfeccionar sus habilidades telepáticas. Uno de los mejores ejercicios es jugar al conocido: "¿Qué carta tengo?". Siéntense en una mesa frente a frente y haga que su pareja saque una carta al azar de un mazo de cartas. Déjelo mirar la carta durante unos diez segundos, concentrándose fuertemente en lo que ve. Mientras mira su carta, tómese el tiempo de despejar su mente de todos los pensamientos, manteniéndola abierta para recibir su mensaje. A continuación, dé un paso a la vez. No intente ver la carta exacta al principio, sino que intente ver el color. Puede hacerle preguntas que lo lleven a la respuesta. Si ve el rojo en su mente, pregúntele si la carta es roja. Luego, trate de ver si es una carta numérica o si es una carta de cara. Estos son los elementos más significativos de la carta, así que serán la mayor parte del mensaje. Si no ven una imagen, como la de una reina, un rey o una jota, pregunten si es una carta numérica. Si dicen "sí", entonces sigan reduciendo el número específico y la pinta específica. Al final, acertar con la mitad de los elementos es una señal de que está haciendo algo más que adivinar, así que no lo vea como un fracaso. Además, a medida que pasa el tiempo, verá que sus resultados mejoran a medida que su habilidad aumenta.

Otro ejercicio que utiliza el mismo escenario es invertir los papeles, permitiéndole actuar como emisor. Haga que la otra persona intente escuchar sus pensamientos acerca de la tarjeta que tiene en la mano. Después de todo, esta es la verdadera naturaleza del ejercicio. No está tratando de adivinar la tarjeta, ni tampoco está tratando de aprovechar la mediumnidad o la clarividencia para leer la tarjeta, sino que está tratando de escuchar el mensaje que la otra persona le está enviando, o en este caso, enviar un mensaje a la otra persona. Actuar como el remitente le ayudará a fortalecer su capacidad de visualización, lo que puede ayudarle a ver las imágenes que otra persona le está enviando. Por lo tanto, utilice ambos roles regularmente, aprovechando la oportunidad de desarrollar sus habilidades como receptor y emisor. Esto es particularmente cierto si le cuesta leer los mensajes que le están enviando. Al cambiar de rol, puede darse un respiro y al mismo tiempo fortalecer las habilidades que le permitirán recibir los mensajes con mayor claridad y precisión.

Capítulo 6: Mediumnidad

La mediumnidad es una de las formas más complejas de habilidad psíquica, que consta de numerosas formas, cada una de las cuales conlleva sus propias y únicas habilidades y resultados. A menudo confundida con las habilidades psíquicas generales, la mediumnidad es uno de los dones más raros de encontrar dentro de la comunidad psíquica. Este es otro ejemplo en el que, aunque todos los médiums son psíquicos, no todos los psíquicos son médiums. Comparado con todas las otras formas de práctica psíquica, la mediumnidad es la que trabaja más estrechamente con el mundo espiritual. Esto se debe a que la naturaleza misma de la mediumnidad requiere de al menos un guía espiritual para realizar cualquier actividad orientada a los médiums. Este capítulo explorará el fascinante campo de la mediumnidad, mostrando cómo se distingue de las habilidades psíquicas generales, así como cuáles son las diversas formas que puede adoptar la mediumnidad. Además, se abordará cómo puede saber si tiene las habilidades necesarias para practicar la mediumnidad, así como varios métodos para perfeccionar y fortalecer las habilidades de los médiums.

Entendiendo la diferencia entre un médium y un psíquico

Uno de los mayores malentendidos acerca de las habilidades psíquicas es creer que todos los psíquicos son de alguna manera iguales. En cierto modo, es un poco como decir que todos los artistas son iguales. No hace falta decir que esto es obviamente falso, ya que cualquiera sabe que el arte consiste en un rango diverso de formas, cada una de ellas es única y que requiere habilidades y talentos específicos. Por ejemplo, no se esperaría que un artista que pinta fuera capaz de crear una escultura a partir de un solo bloque de piedra. Tampoco le daría a un escultor un juego de pinturas y le diría que creara una obra maestra. Aunque ambos son artistas, sus talentos son muy diferentes, lo que significa que no son intercambiables. Los psíquicos son iguales. Un médium no es necesariamente un clarividente, ni un telépata es necesariamente un médium.

Como ya se ha dicho, un psíquico es alguien que tiene un fuerte conjunto de sentidos internos, similares a los sentidos físicos, pero que no requieren de una entrada física, sin embargo, ahí es donde generalmente terminan las similitudes. A partir de ahí, cada forma diferente de práctica psíquica toma su propia forma y requisitos, haciéndola adecuada solo para un número selecto de personas con habilidades psíquicas. La mediumnidad es un ejemplo perfecto de esta dinámica. Aunque la práctica de la mediumnidad se basa en algunas de las habilidades psíquicas generales, específicamente las cinco claves, tiene una dimensión adicional que la distingue de todas las demás disciplinas psíquicas. Esa dimensión es la necesidad de un espíritu guía. La mayoría de las demás actividades psíquicas pueden ser realizadas por un individuo sin ninguna ayuda de otra entidad. En cambio, la mediumnidad requiere otra entidad, lo que hace que esta sea más una relación que una mera práctica.

La naturaleza de esta relación puede explicarse mejor en el propio nombre. La mediumnidad viene de la palabra raíz "médium", que se define como un canal o medio de comunicación. Por lo tanto, una persona que es médium actúa como una radio virtual a través de la cual un espíritu transmite un mensaje. Esto no quiere decir que todos los mensajes sean verbales, sino que pueden llegar de muchas maneras diferentes, incluyendo la adivinación, la escritura automática, bloques de humo y muchas otras formas de comunicación. Al final, lo más importante que hay que tener en cuenta es que el médium no es la fuente del mensaje, sino que es simplemente el mensajero, que da voz a un espíritu difunto, un ángel u otra entidad que necesita comunicarse con una persona viva.

Diferentes tipos de mediumnidad

Lo que hace que la mediumnidad sea tan compleja es que las diversas formas que toma son bastante diferentes, al punto que no todos los médiums son capaces de practicarlas todas. Tal vez la forma más común en términos de cultura popular es la mediumnidad física. Esto es comúnmente retratado en las películas o en la televisión, donde un médium entra en trance y puede hacer levitar una mesa, como en la mayoría de las representaciones de una sesión de espiritismo. Mientras que la imagen retratada en la cultura popular tiende a tratar la práctica de la mediumnidad física como un mero artilugio o truco de fiesta, la verdad es muy diferente. Los médiums físicos se dedican a su práctica diaria, normalmente de forma que les permite obtener conocimientos sobre cuestiones actuales e importantes. La adivinación puede considerarse un ejemplo de esta práctica. Aunque un individuo puede practicar la adivinación en teoría, la mayoría ha llegado a creer que un espíritu guía es necesario para producir lecturas precisas. Por lo tanto, es la relación entre el espíritu y el médium lo que permite a un individuo dibujar la carta correcta del tarot o lanzar la runa perfecta. El truco está en que el individuo se entrega al espíritu, renunciando a su voluntad y deseo para permitir que el espíritu actúe a través de ellos. Solo entonces puede ocurrir una comunicación clara, sin importar la forma que tome.

Otra forma de mediumnidad es conocida como mediumnidad espiritual, la que se basa en gran medida en las cinco claves, utilizando cosas como la capacidad de una persona para ver, oír, sentir y saber solo con sus sentidos internos. Aunque un médium puede elegir entrar en un estado de trance para lograr el objetivo de obtener un mensaje de otro mundo, esto no siempre es necesario, pues una persona puede simplemente despejar su mente para hacer espacio para que el mensaje entre. Lo importante es que el médium puede dejar de lado sus pensamientos y sentimientos personales para permitir que el mensaje del espíritu entre en su mente y con claridad. Esta es una de las principales razones por las que la mediumnidad es más rara que muchas otras formas de actividad psíquica. Se necesita el más alto nivel de claridad y control para comunicarse efectivamente con los espíritus, por lo que se requiere de alguien con habilidades muy avanzadas para esta práctica.

Antes de pasar a las otras dos formas de mediumnidad, hay que señalar que la mediumnidad física y la espiritual tienen muchas similitudes, lo que las hace igualmente adecuadas para alguien con los talentos inherentes de mediumnidad. Una similitud es que las almas difuntas son a menudo el espíritu contactado para la comunicación. Nuevamente, la sesión de espiritismo icónica es un buen ejemplo de esta actividad. Cuando una persona quiere contactar con un ser querido que ya ha fallecido, puede recurrir a un médium para que actúe como puente, transmitiendo el mensaje de la persona viva al difunto y, de forma similar, transmitiendo cualquier mensaje que el alma difunta quiera enviar como respuesta. El mensaje del espíritu puede venir en forma de palabras habladas, una imagen, o incluso un mensaje escrito en forma de escritura automática, también conocida como psicografía, literalmente "escritura psíquica".

El siguiente tipo de médium a investigar es la médium sanadora. Esto a menudo viene en la forma de una persona que pone sus manos sobre un individuo enfermo o con problemas, enviando así energía curativa al individuo, permitiéndole recuperarse de su aflicción. Aunque esto puede parecer una sanación psíquica general, la principal diferencia es que el médium se apoya en otro espíritu o entidad para que actúe como fuente de la energía. Por lo tanto, no es solo la energía del médium la que actúa, sino que es la energía de un espíritu guía, un ángel o el propio universo la que viaja a través del médium y llega a la persona afligida. Este fenómeno puede verse en muchas tradiciones chamánicas en las que un curandero o un sanador canalizan energías sobrenaturales a través de su cuerpo para curar a una persona o, en algunos casos, expulsar a un espíritu oscuro o malévolo. El vudú es otra tradición que realiza esta práctica regularmente.

El último tipo de mediumnidad a examinar es la mediumnidad de canalización. En cierto modo, es como las otras formas ya discutidas en las que una persona canaliza mensajes, energías o algún otro elemento hacia o desde espíritus de una u otra forma. Sin embargo, la principal diferencia aquí es que el espíritu o espíritus contactados se limitan a unos pocos selectos. En otras palabras, un médium canalizador solo se comunica con espíritus específicos, como un profeta que se comunica con un poder superior. Esto significa que tal médium no sería apto para realizar una sesión de espiritismo, ya que los espíritus en cuestión no serían necesariamente los elegidos por ellos para actuar como médium. En su lugar, los médiums canalizadores son, la mayoría de las veces, mensajeros autoproclamados de entidades específicas. Estas entidades son a menudo seres superiores, como los ángeles o incluso la deidad suprema. Alternativamente, pueden ser entidades de otra dimensión o dominio de la existencia. Al final, los médiums canalizadores son elegidos por sus guías espirituales para realizar funciones específicas o dar mensajes específicos. Esta es probablemente la forma más rara de mediumnidad y la que la mayoría de la gente descarta como un engaño simplemente, porque no siempre pueden verificar la información que se presenta.

Algunos ejemplos de mediumnidad de la vida real

En lugar de proporcionar ejemplos concretos de mensajes transmitidos a través de la mediumnidad, probablemente sería más impactante proporcionar ejemplos de la vida real, muchos de los cuales probablemente ya han oído hablar, pero nunca han sido identificados como médiums. Uno de los mejores ejemplos de un médium moderno es Edgar Cayce. Aunque se refirió a sí mismo como un clarividente, esto no quita el hecho de que la naturaleza de sus habilidades apunta a que es un médium hábil. La razón principal de esto fue el hecho de que siempre encontró sus mensajes en los sueños. Esto refleja el estado de trance en el que la mayoría de los médiums se basan para quitar sus pensamientos y deseos personales, lo que les hace más abiertos a recibir mensajes del mundo de los espíritus. También conocido como el "profeta durmiente", fueron sus convicciones religiosas las que también le dan crédito como médium y no solo como clarividente.

Otro grupo de personas a considerar cuando se trata de la mediumnidad en la vida real son los profetas. Ya sean los profetas del Antiguo Testamento, el profeta Mahoma o cualquier otro individuo que afirme hablar en nombre de Dios o de otra deidad, la simple verdad es que la dinámica de esa comunicación no es otra que la mediumnidad. Los profetas son un buen ejemplo de médiums canalizadores, elegidos para transmitir mensajes de espíritus específicos y solo de esos espíritus. Muchas veces estas personas no tenían educación, siendo escogidos aparentemente al azar para realizar la tarea en cuestión. El propio Moisés podría ser considerado un médium, ya que actuó como el portavoz de Dios en el relato del Éxodo. Independientemente de que suscriba o no una creencia religiosa en particular, estos individuos todavía encarnan la verdadera naturaleza de la mediumnidad, es decir, la capacidad de actuar como un puente entre el mundo de los espíritus y el mundo físico, a través del cual los mensajes de diversos tipos pueden fluir en ambos sentidos.

Si la prueba científica es más su estilo para entender la realidad de la mediumnidad, entonces el siguiente ejemplo es ideal para usted. Se realizó un estudio en Brasil con diez sujetos de prueba para determinar si había o no algún cambio en la actividad cerebral durante la práctica de la psicografía, o la escritura automática. Cinco de los sujetos habían estado practicando durante muchos años, mientras que los otros cinco eran relativamente nuevos en el campo. A cada sujeto se le inyectó un colorante que permitía vigilar la actividad cerebral. Si bien cada sujeto produjo un documento psicográfico, no todos los resultados fueron iguales. Los más avanzados en el campo mostraron una disminución significativa de la actividad en el área del cerebro utilizada para el enfoque, la planificación, el razonamiento y similares, es decir, las regiones del lóbulo frontal del cerebro, en comparación con cuando escribían normalmente, utilizando sus propios pensamientos e intelecto. En cambio, los recién llegados demostraron mayores niveles de actividad en esas áreas, lo que indica un aumento de la concentración por su parte.

A pesar de la diferencia en la actividad cerebral, lo único que los diez participantes tenían en común era el hecho de que sus escritos psicográficos eran todos más complejos en sustancia y naturaleza que sus escritos ordinarios, algo que los investigadores simplemente no podían explicar. Según los científicos, los escritos ordinarios deberían haber sido los más complejos, ya que se les dio la atención y el enfoque más consciente. El hecho de que los diez pudieran desconcertar a los investigadores de esta manera demostró que la psicografía más que un engaño, es un fenómeno real, que demuestra que algo fuera de lo común realmente ocurre en esta forma de mediumnidad. Además, los cinco médiums avanzados deberían haber mostrado mucha menos claridad y complejidad en sus escritos, ya que su enfoque y razonamiento se vieron significativamente disminuidos, de manera muy similar a como habría ocurrido después de varias bebidas alcohólicas. Inexplicablemente, los suyos fueron los escritos más complejos e inteligentes, lo que sugiere que realmente canalizaron las comunicaciones del reino de los espíritus.

¿Es la mediumnidad adecuada para usted?

La siguiente pregunta que hay que abordar es si la mediumnidad es adecuada para usted. Afortunadamente, hay algunas señales reveladoras cuando se trata de identificar un médium nato. Una de ellas es la capacidad de sentir los cambios en la energía de un área determinada. Podría sentir una caída repentina de la temperatura o un cambio en la "densidad" del aire sin razón aparente. Si esto le sucede regularmente, podría indicar su capacidad de sentir los espíritus que están presentes. Además, si recibe imágenes o escucha mensajes al mismo tiempo que percibe un cambio en el entorno, esto sugiere claramente que no solo puede percibir los espíritus, sino que también puede comunicarse con ellos de forma fácil y natural.

Otra señal de que podría ser médium es si ve las cosas por el rabillo del ojo. La mayoría de las veces, tales actividades periféricas son a menudo descartadas como un truco del ojo o sombras y cosas por el estilo. Sin embargo, también es posible que estos sucesos sean una señal de que puede reconocer la actividad espiritual en su entorno. La conclusión es que cualquier cambio en la energía producirá una anomalía visible, una que puede ser demasiado sutil para que sus ojos la vean cuando se enfoquen en el área en cuestión, como una estrella tenue que solo puede verse al cambiar su enfoque a la izquierda o a la derecha de ella. Sin embargo, la visión periférica a menudo puede detectar tales anomalías, ya que la mente está menos enfocada en filtrar las señales entrantes de esas partes del ojo. Por lo tanto, si ve movimiento por el rabillo del ojo, incluso cuando no hay nada físicamente, podría estar viendo las energías de los espíritus que le rodean.

Escuchar mensajes que luego resultan ser verdaderos es otro signo revelador de que tiene capacidades de mediumnidad. Aunque la clariaudiencia no siempre es el resultado de guías espirituales o entidades, puede ser una de las principales formas que un espíritu elige para comunicarse con un médium. Esto se debe a que la audición es el segundo sentido más fuerte cuando se trata de recibir información. Como los espíritus no pueden ser vistos con el ojo físico, la mente está más abierta a escuchar a un espíritu, y como resultado, permite a un médium prácticamente escuchar el mensaje que se está entregando. Por lo tanto, antes de que empiece a pensar que ha perdido la cabeza, porque oye o ve cosas por el rabillo del ojo, considere la posibilidad muy real de que pueda ser un médium nato.

Cómo desarrollar sus habilidades de mediumnidad

Si siente que la mediumnidad es su tipo de habilidad psíquica, entonces el siguiente paso es afinar y fortalecer sus habilidades de médium. Afortunadamente, hay varios métodos simples y probados para lograr este objetivo, cada uno de los cuales puede ser implementado en su vida cotidiana de manera rápida y fácil. Uno de los métodos más importantes es realizar las prácticas que le permitan tener la mente clara en cualquier momento. La meditación y el yoga son los dos ejercicios principales que le ayudarán a dominar la claridad de la mente, por lo tanto, debe practicarlos con regularidad, si no a diario.

Otra buena práctica es crear un ritual que le ayude a meterse en el ambiente y también que le permita cerrar la puerta cuando haya terminado de comunicarse con el mundo de los espíritus. Este ritual puede tomar cualquier forma, así que sea creativo y expresivo, eligiendo el escenario, las actividades y las palabras que mejor le funcionen. Por ejemplo, puede elegir quemar algo de incienso para centrar su mente en el momento presente mientras reza a los espíritus para que le ayuden a escuchar y entender su mensaje. Después de la sesión, puede apagar el incienso y comenzar la meditación de atención plena, ayudándose a centrarse en su entorno físico una vez más.

Tal vez el paso más importante para mejorar sus habilidades de médium es practicar la comunicación con sus guías espirituales. No hace falta decir que cualquier médium tendrá al menos un espíritu guía específico para ellos, un ángel guardián, por así decirlo. Comience a conversar con su guía espiritual como lo haría con una persona normal. Dígales las cosas que tiene en la mente, tanto buena como mala. Empiece a pedir ayuda para resolver los problemas, y luego escuche la inspiración que le dan. Si es un médium nato, verá los resultados instantáneamente: escuchará palabras inspiradoras, verá imágenes y conocerá la respuesta tan pronto como haga su pregunta o exprese su preocupación. La comunicación con su guía espiritual no siempre tiene que ser sobre el trabajo, sino que puede simplemente conversar con ellos, preguntándoles cosas como su aspecto, si alguna vez tuvieron una forma física. Preguntarles su nombre es otra excelente manera de establecer comunicación con su guía espiritual. Una vez que escuche su nombre, úselo cuando hable con ellos, ya que esto ayudará a fortalecer su vínculo. Sin embargo, una advertencia: trate de limitar su comunicación verbal a los momentos en los que sepa que estará solo, a menos que le parezca bien que otras personas piensen que ha perdido la cabeza. Con el paso del tiempo, interiorizará sus conversaciones, permitiéndose así hablar con su guía espiritual en cualquier lugar y en cualquier momento.

Capítulo 7: Psicometría

La siguiente habilidad psíquica a explorar es la psicometría. Esta es la capacidad de determinar información específica sobre un objeto con solo sostenerlo. En otras palabras, alguien con habilidades psicométricas puede tomar una moneda o un billete y ver dónde ha estado esa moneda o ese billete en el pasado. No hace falta decir que esta habilidad no se limita al dinero, sino que puede realizarse con cualquier objeto, incluidos artículos de ropa, muebles e incluso casas u otros objetos en general. La premisa básica detrás de esta habilidad es que un objeto absorbe una cierta cantidad de energía de cada persona y evento que encuentra, muy parecido a la huella de un pulgar. Por lo tanto, tiene la memoria de esa persona o evento, y alguien con habilidades psicométricas puede aprovechar esa memoria, y así echar un vistazo al pasado, aunque sea reciente o se remonte a la historia antigua. Este capítulo tratará los detalles de la psicometría, incluyendo sus usos, si es o no la habilidad psíquica correcta para usted, y las formas de aprovechar y fortalecer cualquier habilidad psicométrica que pueda tener. Cuando haya terminado de leer este capítulo, sabrá si la psicometría es o no su habilidad psíquica inherente.

¿Qué es la psicometría?

La palabra psicometría viene del griego antiguo se traduce como "la medida del alma". Esta definición puede tener dos significados diferentes. Por un lado, la parte "psíquica" de la palabra puede referirse al hecho de que la psicometría es un don psíquico, uno que se realiza con sus sentidos internos en lugar de sus cinco sentidos físicos. Sin embargo, por otro lado, también puede indicar que lo que está midiendo es la energía del objeto mismo. Esto, en esencia, sugiere que está conectando con el alma misma de un objeto o lugar en particular, de manera muy similar a como la telepatía está conectando con la mente de otra persona. El hecho de que crea que los objetos tienen alma o que simplemente acumulan energía residual es de poca importancia. La conclusión es que una persona con habilidades psicométricas puede leer la energía que contiene un objeto.

Una vez más, una buena manera de ver esto es imaginando que cada persona que toca un objeto deja una pequeña cantidad de su energía en ese objeto, de la misma manera que deja sus huellas digitales cuando toca ese objeto y al igual que las huellas dactilares pueden ser utilizadas para identificar a una persona, también los es la energía residual dejada en un objeto. Esto es particularmente cierto en el caso de un objeto que es usado regularmente por la misma persona. Algo como un cepillo de pelo, una cartera o un par de gafas pueden contener una enorme cantidad de energía residual de un solo individuo, facilitando que alguien con habilidades psicométricas obtenga una imagen clara de quién es o era esa persona. Además, los artículos asociados con eventos específicos, como equipos deportivos o militares, pueden poseer la energía de un evento, permitiendo a un experto psicométrico ver que se ha marcado una anotación con solo sostener la pelota ganadora del juego.

Tal vez una mejor manera de imaginarlo es pensar en la energía residual como una foto instantánea, una sola imagen que refleja dónde ha estado ese objeto. Alguien con habilidades psicométricas puede literalmente leer las imágenes contenidas en un objeto, viendo así la historia del objeto, sin embargo, aquí es donde las cosas pueden ponerse un poco peligrosas. Por ejemplo, armas como bayonetas o espadas pueden contener la imagen del brutal asesinato de un combatiente enemigo. Asimismo, edificios como hospitales o prisiones pueden contener energía residual de naturaleza negativa, lo que hace que las imágenes presentadas sean mal interpretadas. Por lo tanto, siempre es vital elegir los objetos que leerá con mucho cuidado, ya que las imágenes que contienen pueden ser cualquier cosa, desde las más maravillosas hasta las más horribles. Además, es comúnmente aceptado que cuanto más intensa es una situación, más energía crea esa situación. Por lo tanto, los objetos pueden tener imágenes más claras de los eventos más negativos, ya que esos son usualmente los que crean la energía más intensa. Esto hace que sea más importante elegir los objetos que se leen con mucho cuidado.

¿Cómo saber si la psicometría es adecuada para usted?

Cuando se trata de determinar si tiene o no habilidades psicométricas, esto también puede ser un ejercicio de naturaleza bastante negativa. Esto se debe a que la mayoría de los signos reveladores de las habilidades psicométricas son estresantes y desagradables, a menudo causando a una persona una gran angustia. Un ejemplo de esto es si se siente abrumado u oprimido cuando está en una tienda de antigüedades. Aunque muchas personas pueden pasar horas mirando todas las maravillosas y misteriosas reliquias del pasado, cualquier persona con habilidades psicométricas tenderá a deprimirse e incluso a angustiarse en un lugar así. Esto se debe a que toda la energía residual de los objetos presentes abrumará sus sentidos, de forma similar a como se encienden cientos de radios a la vez. Por lo tanto, si se siente incómodo cuando está cerca de objetos antiguos, especialmente en el caso de estar en una tienda de antigüedades o en una tienda de segunda mano, entonces probablemente sea un buen candidato para la psicometría.

Otra forma de saber si tiene habilidades de psicometría es si se siente pesado o triste en edificios antiguos. Nuevamente, lugares como hospitales, prisiones o cualquier otro lugar donde la energía sería altamente negativa, sin duda tendrá un impacto en casi cualquier psíquico, incluso en aquellos sin talentos o habilidades psicométricas inherentes. Sin embargo, si lugares comunes como casas antiguas, estaciones de tren o incluso edificios antiguos convertidos en restaurantes le causan depresión, fatiga o incluso ansiedad, entonces es probable que sea alguien con habilidades psicométricas naturales. El hecho de no sentirse cómodo con ropa de segunda mano, usando muebles viejos y otros problemas similares con cualquier cosa que se haya usado antes es casi siempre un signo claro de las habilidades psicométricas.

Las sensaciones que se obtienen de lugares antiguos, o de objetos antiguos, no siempre tienen que ser negativos para indicar las habilidades psicométricas. Esto se reduce al simple hecho de que la empatía es el centro de la psicometría. Por lo tanto, cuando un empático puede controlar el flujo de información que entra, puede evitar el impacto negativo de lugares como tiendas de antigüedades y similares. Esto se debe a que no se sienten abrumados por la energía que los rodea. Como resultado, en lugar de estresarse o fatigarse, pueden simplemente sentir la energía que les rodea, de forma muy parecida a como se escucha el sonido ambiental de numerosas conversaciones en un restaurante. Por lo tanto, si los lugares antiguos se sienten diferentes para usted, o los objetos antiguos tienen una cualidad que los diferencia de los nuevos, la psicometría probablemente sea la adecuada para usted.

Aplicaciones de la piscometría en la vida real

Como cualquier otra habilidad psíquica, la psicometría puede tener algunas aplicaciones muy útiles en la vida diaria. Dicho esto, esas aplicaciones serán mucho menos que las asociadas a un talento, como la telepatía, en la que se puede obtener información en tiempo real, ayudando a una persona a tomar las mejores decisiones y elecciones cada vez. No obstante, la psicometría puede resultar más útil que un mero tema de conversación en las fiestas. Una forma en que la psicometría puede ser utilizada es en el área de las antigüedades en sí. Las falsificaciones y las imitaciones son comunes en el mercado de las antigüedades, proporcionando un negocio lucrativo para aquellos que pueden hacer pasar dichas imitaciones a los posibles compradores. Sin embargo, una persona con habilidades psicométricas será capaz de diferenciar entre una antigüedad real y una falsa solo por la firma energética del objeto. No importa lo viejo que parezca un objeto, si es relativamente nuevo, carecerá de la profundidad de energía que posee una verdadera antigüedad. Incluso el más novato practicante de psicometría puede distinguir un nuevo objeto de uno antiguo con solo sostenerlo por unos segundos.

Otra aplicación, tal vez una más probable en la vida cotidiana, es identificar el propietario de un objeto perdido. Mientras que un bolso o una cartera perdida normalmente contendrán una identificación con foto del propietario, cosas como llaves, un teléfono o una chaqueta no lo harán. Esto significa que puede ser casi imposible saber a quién buscar si ve un juego de llaves en una mesa de picnic o en silla en un restaurante. Sin embargo, si tiene habilidades psicométricas, tomará ese artículo por un momento y podrá ver a la persona a la que pertenece. Al menos, sabrá si es un hombre o una mujer, alguien viejo o joven, y con suerte, incluso podrá ver el color de su pelo. Esto puede marcar la diferencia cuando se busca entre la multitud cercana para ver a quién podrían pertenecer las llaves. No hace falta decir que cuando vea a alguien que coincide con la imagen de su mente mirando a su alrededor como si hubiera perdido algo, puede estar seguro de que apreciará que le devuelvas sus llaves o su teléfono.

Tan importante como saber cómo se puede usar la psicometría en la vida real, también es conocer sus limitaciones. Desafortunadamente, la televisión y las películas a menudo muestran la psicometría de una manera muy irreal e irracional. Esto es particularmente cierto en cualquier situación en la que un telépata sostiene un arma homicida para identificar al asesino. Hay varias cosas equivocadas en esta representación, y no es menos importante el hecho de que ninguna agencia de aplicación de la ley basaría una investigación en una pista así. Además, esta idea subestima significativamente el impacto de las imágenes que un telépata puede ver desde un objeto. No solamente las imágenes de un arma asesina serían devastadoras para su corazón y mente, sino que la energía en sí misma, llena de horror y dolor, sería inconmensurablemente traumática. Por lo tanto, ninguna persona en su sano juicio usaría voluntariamente sus habilidades psicométricas en conjunto con un arma asesina, un dispositivo de tortura o cualquier otro objeto usado a sabiendas para crear dolor y sufrimiento en otro ser vivo.

Cómo desarrollar sus habilidades psicométricas

Como con cualquier habilidad o talento, la mejor manera de mejorar sus habilidades psicométricas es con práctica, práctica y aún más práctica. Afortunadamente, el proceso para llevar a cabo una lectura psicométrica es muy sencillo, requiriendo solo cinco pasos para lograrlo. Esto significa que puede realizar la práctica casi en cualquier momento, en cualquier lugar, y tan a menudo como quiera. Los siguientes son los pasos básicos de una lectura psicométrica:

- *Primer paso:* Lavarse y secarse bien las manos antes de manipular un objeto. Esto eliminará cualquier suciedad que pueda interferir con la lectura, así como cualquier energía residual que haya quedado al manipular un objeto anterior. Si no puede lavarse las manos, simplemente límpielas unas cuantas veces en su pantalón, lo suficiente para eliminar cualquier residuo de la superficie.

- *Segundo paso:* Frote sus manos vigorosamente durante unos diez segundos. Esto generará energía en las palmas y las puntas de los dedos. Cuanta más energía tenga en sus manos, más fácil será absorber la energía del objeto. Una buena manera de saber si está listo es mantener las manos juntas después de frotarlas, separándolas lentamente a un cuarto de pulgada de distancia. Si puede sentir un hormigueo o una resistencia al separarlas, sabe que ha generado la energía que necesita. Si no siente nada, frótelas durante otros diez segundos e inténtelo de nuevo.

• *Tercer paso*: Tomar un objeto y sostenerlo en las manos. Si es un principiante, se recomienda que empiece con un objeto que se haya usado a diario, como gafas, un cepillo de pelo o un juego de llaves. No conocer al dueño también puede ser útil, ya que evitará que su mente evoque recuerdos de la persona, como un amigo o un ser querido. Esto asegurará que cualquier imagen que vea sea el resultado del objeto y no de su memoria o imaginación.

• *Cuarto paso*: Cierre los ojos y relájese. Imagine que está esperando que el objeto le hable. Escuche lo que dice, despeje su mente y concéntrese en cualquier cosa que vea u oiga. Deje que el objeto hable. Cuanto más tranquila esté su mente, mejores serán sus posibilidades de tener una lectura satisfactoria. Tal vez quiera respirar profundamente un par de veces primero para ayudarse a relajarse y aclarar su mente, llevando su atención al momento en cuestión.

• *Quinto paso*: Ser receptivo. Un error que los principiantes suelen cometer es rechazar las imágenes que creen que no tienen sentido. Recuerde, no tiene idea de dónde ha estado este objeto, así que tome las imágenes que vea como un hecho. Además, agarre siempre la primera imagen que se le venga a la mente. Esta será la más precisa, ya que su mente no ha tenido la oportunidad de juzgar esa imagen o alterarla de ninguna manera. A medida que practique, desarrollará una mente más receptiva, una que acepte todo lo que vea y oiga sin dudas ni vacilaciones. Entonces podrá realizar esta tarea con mayor confianza en los resultados que obtenga, permitiéndole ver visiones del pasado dondequiera que vaya, simplemente abriendo su mente y permitiendo que los objetos cuenten su historia.

Al principio, sus resultados pueden ser aleatorios, en el mejor de los casos, siendo aproximadamente mitad exactos y mitad inexactos. Sin embargo, a medida que continúe practicando, encontrará que sus niveles de precisión aumentarán, llegando a alcanzar eventualmente hasta un 85 a 90 por ciento, como suele ser el resultado con individuos altamente adeptos cuando se prueban en condiciones de laboratorio. Tal vez lo más importante que hay que recordar es que la habilidad de la psicometría es para ser disfrutada, así que hágalo divertido para usted. Quién sabe, eventualmente podrá tocar un viejo edificio y obtener una instantánea de cómo era la ciudad hace 100 o incluso 200 años. Incluso podría ver a las personas que estaban presentes en ese momento. Si es lo suficientemente bueno, incluso podría ser capaz de oír lo que decían. Después de todo, ¡será uno de los afortunados que sabrá cómo es cuando las paredes pueden hablar!

Capítulo 8: Lectura de aura

Uno de los temas más debatidos en la comunidad psíquica, así como en la comunidad científica, es el del aura. Las tradiciones místicas y espirituales han hablado de la existencia del aura durante milenios, abarcando casi todas las culturas del mundo. A pesar de la creencia generalizada en el aura, muchos todavía descartan su existencia, porque la mayoría de la gente no puede verlas. Recientes estudios científicos han revelado que las auras pueden, de hecho, existir, dando crédito a las antiguas tradiciones. Sin embargo, a pesar de sus hallazgos, muchos científicos todavía debaten la naturaleza del aura y el significado que tienen. Independientemente de este debate en curso, muchas personas anhelan la capacidad de ver e interpretar el aura de las personas a su alrededor. Este capítulo proporcionará las herramientas necesarias para ver el aura, así como la comprensión de su verdadera naturaleza y el significado detrás de las diferentes formas y colores que pueden tomar. Además, también se discutirá el papel que desempeñan los chakras en relación con el aura, junto con la forma de leer e interpretar el color de cada diferente chakra.

Una descripción general del aura.

En la mayoría de las tradiciones espirituales, la naturaleza y la apariencia del aura son en gran medida las mismas. El aura de una persona es la energía que rodea su cuerpo, formando una especie de envoltura o burbuja de energía pulsante y brillante que refleja su estado físico, emocional y mental. Las personas enfermas, por ejemplo, tendrán un aura más oscura y menos vibrante, pareciendo incluso incompleta, con agujeros o áreas que faltan. Por el contrario, las personas sanas y felices tendrán auras más brillantes, normalmente amarillas o blancas, que se extienden hasta tres o cuatro pies de su cuerpo, creando una burbuja virtual de energía que les protege de la energía negativa de su entorno.

A pesar de que los elementos básicos de un aura están en gran medida acordados en términos de su tamaño, su vitalidad y el impacto de las fuerzas positivas y negativas sobre ellos, hay algunos debates en los círculos psíquicos sobre el significado de sus colores. Algunas escuelas de pensamiento afirman que el aura puede contener los mismos colores que los chakras y que cada uno de ellos significa algo similar, si es que no exactamente lo mismo que su equivalente chakra, sin embargo, otras tradiciones sostienen que hay menos colores y que estos tienen un significado completamente diferente. Un ejemplo perfecto es el color rojo. Mientras que algunas tradiciones afirman que el rojo indica sexualidad, asertividad y una naturaleza competitiva, otras sugieren que refleja ira o altos niveles de estrés. Por consiguiente, el contexto es muy importante cuando se trata de interpretar los colores del aura, ya que el rojo puede indicar que el individuo tiene un fuerte carácter o tiene rabia, y por lo tanto, debe mantenerse a una distancia segura.

Como ya se ha mencionado, numerosos estudios científicos han concluido que las auras, de hecho, existen. Sin embargo, estos estudios no apoyan la idea de que los diferentes colores representan distintas habilidades psíquicas o cualidades espirituales. Al contrario, la creencia básica dentro de la comunidad científica es que el aura no es más que el campo electromagnético que rodea a un ser vivo. Esto es lo que se conoce como el campo bioenergético dentro de la comunidad científica. Las diferentes funciones del cuerpo humano, como la circulación, la digestión y la respiración, crean impulsos eléctricos que viajan por todo el cuerpo. Además, estos impulsos crean reacciones electroquímicas en todo el sistema nervioso. Entonces, cuando una persona está en su mejor estado de salud, donde todas estas funciones están operando en sus niveles más altos, hay una tremenda cantidad de actividad eléctrica que tiene lugar en todo el cuerpo, creando un efecto de halo alrededor del individuo. Cuanto más saludable y vibrante es el individuo, más brillante es su campo bioenergético. Cuando una persona está enferma o ha sufrido un trauma, este campo se reduce, tanto en tamaño como en intensidad.

Mientras que la ciencia cree que un aura es en gran medida una capa de energía producida por las actividades electroquímicas dentro del cuerpo, ciertas tradiciones espirituales creen que hay hasta siete capas separadas en un aura, cada una de las cuales representa una cualidad o condición única del individuo. Estas siete capas del aura son las siguientes:

- *Primera capa:* Etérica. Esta capa es la más cercana al cuerpo y es normalmente la más fácil de ver. Asociada con el chakra raíz, representa la salud física y el bienestar de una persona y es de color azul brillante cuando el individuo está en buena salud. Las personas físicamente activas tienden a tener la capa etérica más brillante.

- *Segunda capa:* Emocional. La capa emocional rodea la capa etérica y está conectada al bienestar emocional de una persona. Asociada con el chakra del plexo solar, su apariencia puede ser de cualquier color y cuanto más brillante sea, más saludable será la persona. Cuando los colores son oscuros o apagados, representa el estrés, la fatiga, o en general, la mala salud emocional.

- *Tercera capa:* Mental. La capa mental es la tercera del cuerpo y está asociada con la salud mental y el bienestar de una persona. Asociada al chakra sacro, esta capa es de color amarillo brillante cuando está en buena salud. Debido a la naturaleza mental de este nivel, es más fácil de ver alrededor de la zona de la cabeza y el cuello y es más vibrante en las personas creativas e intelectuales.

- *Cuarta capa:* Astral. Este es el cuarto nivel del cuerpo y está asociado con el chakra corazón. Representando las relaciones interpersonales de un individuo, es de color rosa o rojo rosado, más vibrante entre aquellos con personalidades amorosas, mientras que puede ser sutil o incluso ausente en los introvertidos o quienes están pasando por una ruptura de corazón o depresión.
- *Quinta capa:* Doble etérico. La capa doble etérica se asocia con el chakra de la garganta y es la capa que representa el verdadero ser. Esta es otra capa que puede contener cualquier color, dependiendo de las cualidades del individuo. Cuando una persona está viviendo una vida según su verdadera naturaleza, este nivel será más vibrante, sin embargo, alguien que está desconectado de su verdadera identidad tendrá una quinta capa apagada.
- *Sexta capa:* Celestial. Representa el amor incondicional y la conexión con todos los seres vivos, este nivel es blanco perla y está asociado con el chakra del tercer ojo. Los psíquicos y otros individuos con inclinaciones espirituales muestran fuertes capas celestiales.
- *Séptima capa:* Cuerpo ketérico. Al ser la última capa, es la más alejada del cuerpo físico de una persona, alcanzando un estimado de tres pies. Asociada con el chakra corona, esta capa es de color dorado y tiene la vibración de más alta frecuencia. Se considera la encarnación del alma inmortal de una persona, por lo tanto, refleja el bienestar del individuo a través de todas las encarnaciones. También refleja la fuerza de la conexión de una persona con la fuente divina.

Interpretando los distintos colores

Como ya se ha mencionado, hay dos escuelas principales en cuanto a los diferentes colores del aura y su significado. Para este libro, se utilizará la interpretación más común, específicamente la asociada a los colores de los chakras. Los siguientes son los colores del aura y sus significados:

- **Rojo oscuro:** Alguien con un aura de color rojo oscuro será generalmente trabajador, enérgico y activo.

- **Rojo brillante:** Un aura de color rojo brillante apunta a alguien que tiene un espíritu altamente competitivo, se esfuerza por ganar en cualquier cosa que haga y suele ser sexualmente asertivo, aprovechando la energía cruda y primitiva.

- **Naranja:** Una persona con aura naranja suele tener una gran mentalidad de negocios, capaz de manejar datos y cifras, así como ser buenos con las personas. También pueden ser aventureros por naturaleza, como un empresario.

- **Naranja brillante/ amarillo-naranja:** Este color apunta a alguien de naturaleza académica, dado a la lógica y al pensamiento profundo.

- **Amarillo:** Como el color podría sugerir, un aura amarilla representa a alguien brillante y de disposición alegre, espontáneo y expresivo.

- **Verde brillante:** Las personas con aura verde brillante son generalmente sociales, dadas a actividades comunitarias y ocupaciones, como la enseñanza o la guardería.

- **Verde oscuro:** Un aura verde oscuro sugiere alguien que es bueno para organizar y está orientado a los objetivos.

- **Azul:** Este color significa una persona que es sensible hacia los demás y es un amigo leal y cariñoso.

- **Índigo:** Una persona con un aura índigo suele ser más introvertida, prefiriendo la soledad y la tranquilidad. Como resultado, suelen ser tranquilos y lúcidos, a menudo mostrando cualidades artísticas.

- **Violeta:** El aura violeta se puede encontrar en personas carismáticas, a menudo con una personalidad sensual, y que pueden fácilmente hacer conexiones con otros.
- **Lavanda:** Altamente sensibles, incluso hasta el punto de ser frágiles, las personas con aura lavanda son muy imaginativas y están en contacto con niveles superiores de conciencia.
- **Blanco:** Este es el color más elevado, representando la trascendencia, la espiritualidad y la unidad del cuerpo y la mente.

Una de las principales cosas que hay que mirar, además del color en sí, es el brillo del aura. Cuando una persona está sana, feliz y en sintonía con su verdadera naturaleza interior, su aura será más brillante y más vibrante. Por el contrario, alguien que está deprimido, enfermo o sufriendo un conflicto interno tendrá un aura apagada, a veces incluso marrón, que representa la condición oscura y lúgubre de su energía.

Los chakras y las técnicas de limpieza

A pesar de que los chakras están separados del aura, están estrechamente relacionados, influyendo en la fuerza y la claridad del aura misma. Cuando los chakras están equilibrados y desbloqueados, fluyendo fuerte y de manera natural, el aura de una persona será más vibrante y equilibrada. De igual manera, cuando los chakras están bloqueados o desequilibrados, el aura se verá afectada, volviéndose más pequeña y de apariencia más apagada. Afortunadamente, al entender los chakras, sus significados y cómo manejarlos, se mantendrá su buena salud, fomentando así un aura fuerte y saludable.

La siguiente es una lista de los siete chakras, revelando su significado y la ubicación de cada uno dentro del cuerpo físico:

- **Chakra Raíz:** Es el más bajo de los siete chakras, situado en la base de la columna vertebral. Su color es rojo, y representa el estar en la tierra, la energía pura y la actividad física.
- **Chakra Sacro:** El segundo de los chakras, situado justo debajo del ombligo, es de color naranja. Está asociado con la creatividad y la procreación, dando vida en todas las formas.
- **Chakra del plexo solar:** De color amarillo, este chakra representa la capacidad de una persona de asimilar nuevas condiciones. También apunta a la motivación y a estar orientado a los objetivos. Situado en la región del estómago, también afecta a la digestión saludable.
- **Chakra del corazón:** Ubicado en el centro del pecho, este chakra es verde y representa el amor, las relaciones y la conciencia del alma propia.
- **Chakra de la garganta:** Como su nombre lo indica, este chakra se encuentra en la base de la garganta. De color azul, afecta a la comunicación, específicamente a la comunicación verbal.
- **Chakra del tercer ojo:** El más conocido de todos los chakras, el chakra del tercer ojo se encuentra en la frente, justo por encima del nivel de los ojos físicos. De color índigo, este chakra representa la intuición y la perspicacia.
- **Chakra corona:** El último y más alto de los chakras, el chakra corona se asocia con la paz, la sabiduría y la espiritualidad. De color violeta, se encuentra en la parte superior de la cabeza, justo encima de la corona.

Cuando están equilibrados, cada uno de los siete chakras sirve para crear, atraer o dirigir la energía a diferentes partes del cuerpo. Sin embargo, incluso cuando están equilibrados y sanos, algunos chakras tenderán a ser más fuertes y pronunciados dentro de un individuo, creando características específicas que definen a la persona. Alguien con un chakra de la garganta fuerte, por ejemplo, será más hábil en dar discursos o simplemente a la comunicación verbal en general. La naturaleza extra fuerte del chakra de la garganta puede afectar al color general de su aura, dándole un tono azul que refleja la naturaleza de la energía en sí misma.

Mantener los chakras equilibrados y desbloqueados es un paso crítico para mantener una su buena salud, así como una buena salud mental, emocional e incluso física. Afortunadamente, hay algunas técnicas simples para asegurar que los chakras funcionen con la máxima eficiencia, proporcionando la energía necesaria para mantenerse en su mejor estado físico y espiritual. Las técnicas se pueden dividir en físicas y no físicas, cada una proporcionando un enfoque diferente para mantener una salud óptima de los chakras.

El yoga, sin duda, es la técnica física más efectiva para mantener los chakras abiertos y fuertes. El acto de estirar el cuerpo asegura que la energía fluya sin impedimentos, aumentando así la salud y el bienestar de todos los chakras y las funciones que apoyan. El elemento de relajación del yoga también ayuda a reducir el estrés, haciendo del yoga un híbrido, combinando los elementos físicos y no físicos en un solo régimen.

Mantener una dieta adecuada es otra técnica física para mejorar la salud de los chakras. Los alimentos procesados, las frituras y cualquier cosa con alto contenido de azúcar harán que el cuerpo se vuelva lento, llenándolo de toxinas que impactan en la salud de los chakras. Por otra parte, las frutas frescas, las verduras y otros alimentos saludables sirven para proporcionar energía al cuerpo mientras lo limpian de toxinas y otros elementos dañinos. El resultado es una mayor salud de los chakras, lo que da como resultado un aura más vibrante.

La meditación es una de las técnicas no físicas para ayudar a mejorar la salud de los chakras. Aunque la meditación puede ser un acto físico, es el aspecto mental de la misma lo que afecta a la salud y el bienestar de los chakras. En resumen, la reducción del estrés ayuda a abrir los chakras, permitiendo que la energía fluya de forma natural y en grandes cantidades. Cuanto mejor fluya la energía, mejor será la salud y el bienestar físico y emocional. Por lo tanto, si quiere mejorar el rendimiento de sus chakras, asegúrese de hacer de la meditación una parte de su rutina regular.

Finalmente, evitar el estrés de cualquier manera posible es la clave para mantener una fuerte y buena salud de los chakras. Tomarse el tiempo para sentarse en un ambiente pacífico y tranquilo regularmente ayudará mucho a prevenir la acumulación de estrés que puede bloquear e incluso cerrar los chakras, creando un impacto seriamente negativo en su energía. Además, evitar las situaciones estresantes puede ayudar mucho a proteger los chakras del daño que el estrés puede causar. Al final, todas las cosas que ayudan a crear y mantener un estado mental saludable también ayudarán a crear y mantener los mejores niveles de salud de los chakras.

Cómo desarrollar su habilidad para leer auras

Ahora que sabe lo que es el aura, lo que significan sus colores, y el impacto que tienen los chakras en ella, el paso final es desarrollar su habilidad para leer el aura. Como con todas las demás habilidades psíquicas, leer el aura puede no ser adecuado para todos. En teoría, cualquier persona puede desarrollar cualquier habilidad psíquica, al menos hasta cierto nivel. Sin embargo, el mejor enfoque es descubrir la habilidad que es inherente a usted y desarrollarla a su mayor potencial. Lo mismo se aplica a la lectura del aura. Si no es un natural en este conjunto de habilidades en particular, puede encontrar el éxito difícil de alcanzar.

Afortunadamente, es bastante fácil saber si tiene el potencial para leer auras. Una señal de que tiene un don en esta área es la habilidad de sentir la energía de otra persona. Si no puede sentir la energía de otra persona, lo más probable es que nunca sea capaz de verla. Todo es cuestión de sensibilidad. Por lo tanto, si se siente incómodo cerca de alguien que es una amenaza, o se siente en paz cerca de alguien en quien se puede confiar, entonces puede sentir claramente su energía.

Con la práctica, debería ser capaz de traducir la habilidad de sentir la energía en la habilidad de ver la energía.

Otra señal de que podría tener la capacidad de ver auras es si a menudo ve cosas en su visión periférica. Esto ya ha sido discutido en referencia a la detección de espíritus que están presentes. Si ve sombras, movimientos u otras anomalías por el rabillo del ojo, incluso cuando no hay nada, probablemente le será fácil ver las auras. La razón principal de esto es que las auras a menudo se ven mejor fuera de la periferia donde la mente no puede filtrarlas. Además, la naturaleza sutil del aura puede hacer que sea difícil ver una cara en ellas, como una estrella débil en el cielo nocturno. Si se relaciona con uno o todos estos conjuntos de habilidades, entonces la práctica de las siguientes técnicas para la lectura del aura debería permitirle tener su primera experiencia en poco tiempo.

El primer paso para leer el aura es desarrollar su sentido de la clarisentencia, esto es cuando siente la energía de la gente que lo rodea. Empiece a prestar mucha atención en cómo se siente cuando está cerca de ciertas personas. Si se siente incómodo cerca de alguien, tómese el tiempo necesario para ver si están enfadados o simplemente son negativos en general. Esto no significa necesariamente que el individuo sea una mala persona, sino que puede indicar que simplemente está de mal humor. Por otra parte, si se siente bien con alguien, como por ejemplo, si está feliz o seguro, tómese el tiempo necesario para ver de qué estado de ánimo está para confirmar sus sentimientos. Cuanto más precisa sea su clarisentencia, más fácil será ver las auras.

El siguiente paso es desarrollar su visión periférica. Una buena forma de hacerlo es centrarse en un solo punto de la habitación durante un minuto. Deje que sus ojos se desvíen ligeramente del foco para no forzarlos a mirar una cosa por mucho tiempo. Una vez que haya suavizado su enfoque, comience a observar los objetos o personas fuera de su línea de visión directa. Mire cuántos detalles puede distinguir mientras mantiene los ojos fijos en un punto. Esto agudizará su capacidad para reconocer cosas fuera de su rango de visión normal. Como se mencionó anteriormente, las auras pueden verse más fácilmente cuando no se enfocan directamente, por lo que desarrollar una fuerte visión periférica es fundamental para leer las auras.

La detección del color es el siguiente paso en el desarrollo de la capacidad de ver y leer el aura. Esto se puede hacer colocando hojas de papel de color en una pared. Los colores deben representar los colores del aura, o chakras, ya que se quiere enfocar específicamente en ser capaz de verlos más que cualquier color en general. Practique con un color a la vez. Tome nota de cómo ese color lo hace sentir cuando lo ve, esto ayudará a conectar su capacidad de sentir energía con su capacidad de ver el aura de una persona. Además, practique ver las hojas de papel fuera de su visión periférica, esto desarrollará su capacidad de ver el color fuera de su línea de visión enfocada. Puede tomarse un día o incluso una semana por cada color, dependiendo de lo rápido que sienta que sus sentidos se están desarrollando.

La fase final para desarrollar la habilidad de ver y leer aura es practicar con un amigo. Haga que su amigo se siente frente a usted en una habitación con poca luz. Evite las ventanas, ya que la luz del día puede crear fluctuaciones de color en la habitación. También, pídale que use colores neutros, incluso negro, ya que esto hará que los colores de su aura resalten más, facilitando la visión. Para obtener mejores resultados, puede hacer que se paren frente a una pared de color neutro, a unos quince centímetros de usted. Una vez en su lugar, comience a concentrarte en la pared que está a su lado, a un par de pulgadas de su cuerpo. Mientras se concentra, tome nota de sus sentimientos. ¿Se siente feliz, triste, nervioso o algo más? Cuando determine la sensación de su energía, sabe qué color buscar. Permita que su enfoque se suavice, así, atrae su atención a su visión periférica. En este punto, debe permanecer con la mente abierta. Si cree que ve un color, cualquier color, acéptelo. No lo cuestione, no lo descarte y no busque algo diferente. Al aceptar lo que ve, abre su mente y sus sentidos a la experiencia, aumentando así su capacidad de ver su aura. Cuanto más practique esta técnica, más fácil será ver el aura. Eventualmente, la verá en cualquier lugar y en cualquier momento, sin importar las condiciones ambientales.

Capítulo 9: Sanando

Si le pregunta a una persona común y corriente en la calle qué superpoder le gustaría tener, escuchará una amplia gama de respuestas. Muchos elegirían volar, ser súper fuertes, o ser capaces de acceder a un conocimiento ilimitado. Unos pocos elegidos, en cambio, elegirían ser capaces de curar a las personas, en su mayoría solo con tocarlas. Mientras que esto suena como un poder tan poco probable de lograr como la habilidad de volar o atravesar paredes de piedra, el hecho es que la sanación es otra habilidad psíquica, una que miles de personas poseen en todo el mundo. Desafortunadamente, pocas de estas personas son conscientes de su don, y menos aún saben cómo aprovecharlo, fortalecerlo y darle un buen uso. Este capítulo abordará diferentes formas de sanación psíquica, mostrando cómo es una parte importante de la medicina holística en el mundo moderno. Además, descubrirá cómo determinar si es o no un sanador nato, dotado de las habilidades necesarias para poder curar a una persona con un solo toque. Por último, se abordará cómo fortalecer sus habilidades inherentes, permitiéndole así tener el efecto curativo en el mundo que tan desesperadamente anhela.

¿Qué es la sanación psíquica?

Lo primero que hay que explorar es la verdadera naturaleza de la sanación psíquica. Mientras que la mayoría de la gente recurre a fuentes físicas, como los médicos y los medicamentos de venta libre cuando se enferman, algunos prefieren un enfoque más espiritual, uno que aproveche el poder curativo de la energía. Los tratamientos físicos curan a una persona desde el exterior, en cambio, la sanación psíquica trae salud y bienestar desde el interior, curando a la persona en la raíz misma del problema, y no simplemente tratando los síntomas. Este sistema se basa en una simple verdad: la salud y el bienestar físico, mental y emocional de una persona se ven afectados por el estado de su energía. Cuando las energías de una persona están desequilibradas o bloqueadas, se produce una enfermedad física y emocional. Por lo tanto, la sanación psíquica es la práctica de restablecer el equilibrio y el flujo adecuados de las energías de una persona, curando así todas las enfermedades y sufrimientos al fijar la causa real en el nivel del espíritu.

Existen numerosas formas de sanación psíquica, cada una con sus propios métodos y técnicas únicas para lograr el objetivo final de salud y bienestar totales. Mientras que algunas se centran en un enfoque general, como la canalización de la fuerza vital universal en una persona para recargar sus energías, otras tienen un enfoque más centrado en el papel de los chakras y su rendimiento cuando se trata de producir y mantener la energía. Posteriormente, pueden emplearse numerosos instrumentos y prácticas, cada uno de los cuales constituye una tradición específica dentro del ámbito general de la sanación psíquica. Esto crea la misma situación que se encuentra en la mediumnidad, es decir, que no todos los sanadores psíquicos pueden practicar todas las formas de sanación psíquica. Por lo tanto, no solo es vital descubrir si tiene o no las habilidades requeridas para la sanación psíquica en general, sino que también es necesario descubrir exactamente qué tipo de sanación psíquica es la adecuada para usted.

Señales de que es un sanador psíquico

Como con todas las habilidades psíquicas, todo el mundo tiene el potencial de alcanzar algún nivel de habilidad en esta práctica. Sin embargo, aquellos que carecen de habilidades inherentes lucharán para producir incluso los resultados más insignificantes. Por lo tanto, esta no es una habilidad psíquica recomendada para cualquiera. Es una que solo debe ser practicada por un individuo que demuestre las cualidades necesarias para atraer y canalizar las energías de curación de una manera importante y significativa. Afortunadamente, las señales de estas cualidades son fáciles de detectar, haciendo fácil determinar si la sanación psíquica es su don inherente. La siguiente es una lista de signos que determinará si tiene o no los rasgos de un sanador nato:

1. Tiende a sentir una profunda empatía por los demás.
2. Las personas cercanas a usted tienden a mantener una buena salud en general.
3. La gente tiende a confiar en usted en lo que respecta a sus problemas y dolores.
4. Los niños y los animales se sienten seguros a su alrededor, incluso cuando están asustados de otras personas.
5. Prefiere pasar tiempo solo en ambientes tranquilos.
6. Usted es muy sensible a los sentimientos y al sufrimiento de los demás.
7. Sus sueños transmiten mensajes sobre la enfermedad o la sanación en su cuerpo.
8. Más que nada, desea ayudar y curar a otros de cualquier manera posible. Prefiere pasar el tiempo en la naturaleza, lejos del ruido y el bullicio de la humanidad.
9. Prefiere escuchar a los demás antes que hablar.
10. Tiene un profundo interés en la espiritualidad y ha experimentado eventos de despertar de vez en cuando.

11. Los medicamentos y las drogas no suelen afectarle de la misma manera que a los demás.

12. Tiene sanadores en su familia, como padres o abuelos.

Si se identifica con la mitad o más de estas afirmaciones, entonces lo más probable es que sea un sanador nato. El siguiente paso es identificar los diferentes tipos de sanación para que sepa qué camino seguir en su búsqueda para desarrollar sus habilidades inherentes.

La función de la energía en la sanación psíquica

Como ya se ha mencionado, la energía juega un papel muy importante, tanto en términos de enfermedad como de sanación psíquica. Solo cuando entiende el significado de la energía puede empezar a perfeccionar sus habilidades, desarrollando así el toque de sanación que se supone que debe tener. Es necesario mencionar nuevamente que la enfermedad y la angustia son causadas por un desequilibrio en la energía en el individuo. A veces este desequilibrio puede ser el resultado de un trauma físico, sin embargo, la mayoría de las veces es el resultado de un trauma emocional o espiritual. El estrés, por ejemplo, puede obstaculizar significativamente la eficiencia de los chakras, reduciendo así el flujo de energía dentro del cuerpo de una persona. Esto dará como resultado cosas como dolor muscular, bajos niveles de energía física, y el aumento en la probabilidad de enfermarse. En lugar de tratar esos síntomas con medicinas y tratamientos tradicionales, los sanadores psíquicos saben que la mejor manera es restablecer el equilibrio y el flujo de energía dentro del paciente, restaurando así su capacidad natural de eliminar la enfermedad y la dolencia.

La principal forma en que la energía del paciente se restaura es canalizando las energías curativas en su cuerpo. Esto puede venir en dos formas. Primero, el sanador puede usar su propia energía, a menudo llamada "ki" o "prana", para ayudar a aumentar los niveles de energía del paciente, de forma muy parecida a arrancar un auto con la batería agotada. Al enviar su energía al paciente, el sanador puede restaurar la energía del paciente a un nivel en el que podrá volver a un estado normal de salud y bienestar. La desventaja de esto es que el sanador se agotará si tienen pacientes que necesitan grandes cantidades de energía para recuperarse o en el caso de que traten a varios pacientes en un período determinado. Posteriormente, el sanador debe tomarse el tiempo de recargar sus propias energías entre las sesiones para asegurar su propia salud y bienestar.

La segunda forma de sanación energética es la de la canalización, en la que el sanador no se nutre de su energía personal, sino de la energía curativa del propio universo. En este caso, el sanador actúa como un médium, pero en lugar de canalizar un mensaje de un espíritu, canaliza la energía del universo. En cierto modo, actúan como un cable de extensión, conectando al paciente con la fuente de energía que restablecerá su salud y bienestar. El lado positivo de esta práctica es que no utiliza la energía del sanador, lo que significa que no agotará sus niveles de energía en el proceso. Además, algunas técnicas hacen posible que el paciente canalice la energía por sí mismo, permitiéndole así actuar como su propio sanador.

Los tipos de sanación psíquica más comunes

Así como hay muchas especialidades diferentes dentro del campo de la medicina, cada una de ellas se enfoca en una forma específica de salud y recuperación, también hay varios tipos de sanación psíquica. Cada uno de estos tipos se puede clasificar en tres categorías. La primera es lo que se conoce como sanación espiritual. Esto es cuando un sanador invoca las energías del universo para que entren en el cuerpo del paciente, restaurando así los niveles de energía del individuo, y por lo tanto su salud y bienestar. Un ejemplo de sanación espiritual es el reiki, una antigua técnica japonesa de curación en la que el sanador canaliza la energía ki al paciente, usando sus manos como salida de esa energía. Algunos practicantes colocan sus manos directamente sobre el paciente, mientras que otros las mantienen varias pulgadas sobre el cuerpo del paciente. El nombre reiki proviene del japonés y significa poder universal (rei) y energía (ki), lo que significa la fuente de la energía curativa que el practicante canaliza hacia el paciente.

Otro tipo de sanación espiritual es el uso de cristales para restaurar los niveles de energía en un paciente. Esta práctica se centra en la restauración de la energía en los chakras, usando el cristal único asociado con el chakra específico. Por ejemplo, si una persona tiene un problema en la garganta, o tiene problemas para hablar, entonces su chakra de la garganta necesita que se le restauren sus energías. Se colocarán cristales como el aguamarina o la sodalita en el paciente para atraer la frecuencia de energía necesaria. El color azul de los cristales refleja el color azul del chakra, y por lo tanto, la frecuencia de la energía asociada a él. La ventaja de esta práctica es que el sanador no necesita actuar como un canal para que la energía viaje a través de ellos, por lo que no hay desgaste en ellos como tal. Además, el paciente puede realizar el acto de sanación por sí mismo si sabe qué cristales usar para el chakra que necesita ser restaurado.

La segunda categoría de sanación psíquica es la sanación pránica. Originaria de la India, esta forma de sanación incorpora la fuerza vital del sanador, también conocida como el ki o el prana. A diferencia de la sanación espiritual, que utiliza la fuerza vital del universo, aquí es donde el sanador utilizará su energía, muy parecido al ejemplo mencionado anteriormente sobre el arranque de un auto. La sanación cuántica es un ejemplo de sanación pránica. En este caso, el sanador utiliza técnicas específicas para aumentar su propio prana, permitiéndole así proporcionar la energía necesaria para devolverle la salud al paciente. Las técnicas de respiración, las técnicas de conciencia corporal y una conciencia especial de las diferentes frecuencias de energía entran en juego, permitiendo al sanador saber qué energías necesitan ser restauradas y cómo aumentar esas energías dentro de sí mismo. También saben qué síntomas buscar al determinar las energías deficientes, de forma muy parecida a como un médico utilizaría los síntomas físicos para diagnosticar una enfermedad.

La tercera categoría de sanación psíquica es la sanación mental. Aquí es donde el sanador usa su mente tanto para diagnosticar como para tratar al paciente. En cierto modo, esto es casi una forma de sanación telepática, en la que el sanador se introduce en el subconsciente del paciente para determinar la naturaleza de la enfermedad y luego utiliza su mente para visualizar el proceso de sanación, enviando esa imagen al subconsciente del paciente como una especie de programa. Cuando se hace correctamente, el sanador puede instruir prácticamente al paciente para que se mejore solamente usando sus habilidades telepáticas. Demás está decir que esta es la más rara de las tres categorías, requiriendo los más altos niveles de intuición, telepatía y clarividencia que una persona puede alcanzar.

Otros dos métodos de sanación se centran más en la corrección del flujo de energía que en la introducción de la energía de sanación. Estas son las formas chinas de curación conocidas como acupuntura y acupresión. La acupuntura es la práctica de usar agujas especiales para extraer la energía negativa que bloquea el flujo de energía saludable en todo el cuerpo. Se centra en los catorce meridianos de flujo de energía, descubriendo dónde se encuentran los bloqueos y liberando esos bloqueos a través de las agujas. Aunque esta práctica parece dolorosa, el paciente apenas siente las agujas, y lo que sí siente es la liberación de la tensión, que vuelve a restaurar el flujo de energía adecuado a su cuerpo.

La acupresión actúa de manera muy similar, excepto que utiliza la presión en lugar de las agujas. El sanador utilizará sus dedos para aplicar presión a las partes afectadas del cuerpo, liberando así la tensión y restableciendo el flujo de energía adecuado para el paciente. No hace falta decir que, en ambos casos, el sanador tiene que tener la intuición necesaria para saber dónde están los bloqueos, así como la forma de liberarlos. Sin embargo, la diferencia entre estos tratamientos es que el sanador no envía energía al paciente, sino que libera la energía del paciente, restableciendo así la salud y el bienestar general del individuo.

Cómo desarrollar sus habilidades de sanación psíquica

Cuando se trata de desarrollar sus habilidades de sanación, el mejor método es práctica, práctica y más práctica. Por supuesto, el primer paso es determinar qué tipo de sanación psíquica es mejor para usted. Para hacer esto, debe encontrar practicantes de cada disciplina y hablar con ellos sobre su deseo de convertirte en un sanador. Estas personas sabrán lo que se necesita para realizar su tipo específico de sanación psíquica, por lo que serán capaces de decir si usted es un buen candidato o no. Además, le tomarán bajo su tutela y le enseñarán las bases, poniendo a prueba sus habilidades naturales. Si le cuesta progresar en una disciplina en particular, puede significar que necesite probar otra. Eventualmente, encontrará su campo, sintiendo que sus habilidades se elevan dentro de usted a medida que comienza a aprender y desarrollar las técnicas de la forma de sanación que es adecuada para usted.

Capítulo 10: Contactarse y comunicarse con sus guías espirituales

La última y quizás más emocionante habilidad psíquica para explorar es la comunicación con los guías espirituales. Mientras que todas las habilidades psíquicas son asombrosas y maravillosas, la comunicación con los guías espirituales lleva la experiencia psíquica al siguiente nivel, literalmente. Los guías espirituales han sido parte de la cultura humana desde tiempos prehistóricos, con prácticas chamánicas que aún se basan en el conocimiento y la comprensión de los espíritus en muchas culturas africanas y sudamericanas hasta el día de hoy. Incluso las principales religiones del mundo, incluyendo el judaísmo, el islam y el cristianismo, contienen ricas y variadas tradiciones en lo que se refiere a los guías espirituales y las formas que pueden tomar. La conclusión es que casi todas las tradiciones espirituales creen que los espíritus existen para ayudar y guiar a la gente en todos los aspectos de su existencia terrenal.

Lamentablemente, muchas personas no reconocen los mensajes que sus guías intentan enviarles, lo que hace que se abran paso ciegamente por la vida, cometan errores innecesarios y pierdan innumerables oportunidades. Para aquellos que descubren y escuchan esos mensajes, los resultados son muy diferentes. Esas son las personas que pueden evitar la mayoría de las trampas y saben cuándo embarcarse en nuevas y emocionantes aventuras. Este capítulo tratará sobre los diferentes tipos de guías espirituales que existen, ayudándole a reconocer a los enviados para ayudarle en su camino. Además, revelará formas de descubrir y contactar con sus guías personales, creando una relación rica y significativa con ellos, una que cambiará su vida de formas que la mayoría de la gente ni siquiera puede imaginar.

¿Qué son los guías espirituales?

Lo primero que hay que abordar es la verdadera naturaleza de los guías espirituales. Tal vez la mejor manera de explicar lo que son es considerar una de las imágenes más comunes de ellos en uso hoy en día, específicamente la de un ángel. La palabra "ángel" viene del griego antiguo "angelos", que se traduce como mensajero. Esto descarta la idea de que los ángeles son bebés gordos que se revuelcan en las nubes, o músicos amantes de las arpas que pasan el tiempo cantando con largas túnicas blancas mientras la humanidad lucha muy por debajo. Como mensajeros, los ángeles son espíritus que no solo observan de cerca la humanidad, sino que también tratan de dar consejos, advertencias y aliento a aquellos que quieran escuchar. Se puede dar un paso más allá si se tiene en cuenta la creencia común en los ángeles guardianes, que sugiere que no solo se envían ángeles para aconsejar, sino que también tienen la tarea de proteger a un determinado individuo de los daños siempre que sea posible.

Afortunadamente, no se tiene que adherir a una religión en particular para descubrir y comunicarse con su guía espiritual. Tales guías existen sin importar cuál sea su sistema de creencias. Incluso los ateos tienen guías espirituales asignados, lo que significa que no tiene que ganarse su ayuda, simplemente tiene que aceptarla. Además, los guías espirituales pueden adoptar muchas formas diferentes, cada una de las cuales posee cualidades y beneficios únicos que suelen estar adaptados a la persona a la que sirven. Las siguientes son algunas de las formas más comunes de los guías espirituales, junto con la naturaleza fundamental de su función en su vida:

- **Ángeles**: Como se ha mencionado, los ángeles son los mensajeros del reino de los espíritus. A menudo vistos en términos de la contraparte de los demonios, pueden aconsejarle que elija el camino correcto cuando la tentación lo incita a elegir el camino equivocado, uno que resultará peligroso y finalmente desastroso. Los arcángeles son la forma más elevada de ángeles, considerados los más competentes y poderosos. Algunos arcángeles son bastante conocidos a través de historias y tradiciones, incluyendo a Miguel, Gabriel y Rafael. Si tiene la suerte de estar en contacto con un arcángel, ¡puede estar seguro de que su futuro es muy prometedor!

- **Ancestros:** Otra tradición común que se mantiene en todo el mundo y en la historia de la humanidad es la idea de que los parientes fallecidos pueden desempeñar un papel en la guía y protección de sus seres queridos en esta vida. Esto es particularmente cierto en el caso de los padres o abuelos fallecidos, personas que tenían un interés muy cercano y creado en usted mientras aún estaban vivos. La creencia aquí es que su amor los mantiene cerca suyo por un tiempo, permitiéndoles enviarle aliento y amor en tiempos de angustia o soledad general.

- **Animales espirituales:** Casi todo el mundo ha escuchado el término "animal tótem" usado en un contexto u otro. Desafortunadamente, la mayoría de la gente solo ha experimentado los animales tótem en términos de cuestionarios en línea que son solo para entretenerse. La verdad es que los animales espirituales sirven para un propósito mucho más grande que el ser tema de conversación en las fiestas. Pueden darle la fuerza y el coraje elemental que necesita para enfrentarse incluso a los desafíos más desalentadores, sacando a relucir su mejor "naturaleza" cuando más lo necesita.

- **Deidades**: Las sociedades antiguas adoraban a muchos dioses y diosas, algo que no es común en tiempos modernos. Una de las razones de esto es que permitía a los antiguos contemplar los diversos aspectos de la humanidad. Zeus, por ejemplo, podía servir para encarnar el liderazgo, el amor paternal y la sabiduría de una persona mayor. Afrodita, en cambio, representaba la belleza física y el placer carnal. Así, cada deidad podía aparecer para el individuo para reforzar ciertos elementos del carácter de esa persona. Si empieza a ver visiones de dioses o diosas, en lugar de ser una construcción de su imaginación, podría ser un verdadero mensaje, uno que le proporcione las respuestas que necesita.

- **Figuras religiosas**: Mucha gente alrededor del mundo ha afirmado haber visto visiones o escuchado mensajes de Jesús, María, Buda y otras figuras religiosas similares. Mientras que algunas de estas afirmaciones pueden ser engaños, muchas son probablemente verdad, sugiriendo que los espíritus de estas almas que alguna vez tuvieron un cuerpo, todavía están tratando de influenciar a las personas, llevándolas por el camino correcto cuando los tiempos son duros y hay que tomar decisiones difíciles.

- **Figuras sagradas**: Casi todas las tradiciones espirituales tienen figuras sagradas de una forma u otra. Sacerdotes, chamanes, papas, ancianos y mujeres sabias ayudan a guiar a los practicantes de su tradición mientras están en la Tierra. Lo que muchos no se dan cuenta es que continúan sirviendo en esta capacidad incluso cuando han partido. Es como si su alma siguiera cumpliendo su vocación a pesar de que su cuerpo se haya ido hace tiempo. Tener una figura sagrada como guía espiritual no es solo un regalo sin medida, sino que es una oportunidad para acceder a todo el conocimiento que los guías pasan toda una vida descubriendo.

Cómo identificar a sus guías espirituales

Ahora que tiene una idea de los distintos tipos de guías espirituales y las formas que adoptan, el siguiente paso es descubrir al guía o guías espirituales que están tratando de ayudarle a vivir la mejor vida posible. Aquí es donde sus habilidades psíquicas demostrarán ser más útiles que nunca. El punto final es que los guías espirituales son solo eso: espíritus. Por lo tanto, no puede esperar verlos, oírlos o experimentarlos con sus sentidos físicos, al menos no al principio. En cambio, tiene que aprovechar sus sentidos psíquicos, su clarividencia y usarla para detectar a sus guías espirituales con su ojo interno, oído interno, o cualquier otro sentido interno que sea más fuerte para usted.

No es sorprendente que los sueños sean una forma ideal para detectar a sus guías espirituales. Esto se debe a que los sueños son solo internos, lo que significa que sus sentidos internos están en su nivel más alto, ya que sus sentidos físicos están literalmente dormidos. Hay dos formas en las que sus sueños pueden revelar la identidad de sus guías espirituales. Primero, intente recordar sus sueños del pasado, especialmente cuando luchaba con asuntos difíciles en el mundo despierto. ¿Soñó con que una figura religiosa viniera a ofrecerle aliento o apoyo? Tal vez un personaje de ensueño aparece regularmente, especialmente cuando está luchando más. ¿O han estado animales específicos en sus sueños, despertando sus energías fundamentales para afrontar los desafíos que se presentan? Si ha tenido tales sueños, reconózcalos como nada menos que un encuentro con su guía espiritual. No hace falta decir que escriban estos sueños inmediatamente, como si fueran el nombre y el número de teléfono de alguien que acaban de conocer.

La segunda forma en la que los sueños pueden ayudar a detectar a su guía espiritual es a través del proceso de incubación de sueños. Aquí es donde pasa el tiempo justo antes de ir a dormir diciéndose a sí mismo que tiene sueños de un tipo específico. Por ejemplo, si quisiera soñar con ser rico y famoso, meditaría en los detalles antes de dormirse, creando el ambiente del sueño para que pueda realizar sus fantasías. Este mismo proceso puede ser usado para descubrir la identidad de sus guías espirituales. En este caso, tómese el tiempo antes de dormirse para meditar en un lugar en particular, como un café o un banco del parque. Imagine que su guía espiritual se encuentra con usted allí. Puede que ya estén ahí, o puede que vengan a buscarlo. En cualquier caso, cuando se encuentres en ese banco del parque, no descarte a la primera persona que se sienta a su lado, ya que probablemente sea su guía espiritual.

La sincronicidad es otra forma común en la que los guías espirituales pueden enviar mensajes. Por lo tanto, si quiere saber quién es su guía espiritual, pida que surja un patrón en su vida despierta. Por ejemplo, si ve numerosas imágenes de ángeles a lo largo del día, incluyendo fotos, estatuas y otras formas, entonces tome eso como la respuesta. Si ve imágenes de una deidad en particular o el nombre de una deidad, entonces no lo tome como una coincidencia. Los animales también pueden presentarse, aunque no se imagine que su tótem es una ardilla si pasa el día en un parque donde hay docenas de ardillas. Lo que busca son señales fuera de lo común. Si ve imágenes de leones todo el día, entonces esa podría ser la respuesta que busca, pero no vaya al zoológico en busca de inspiración.

Si se enfrenta a un exceso de información y no sabe si está viendo un patrón o es una mera coincidencia, hay dos cosas que puede hacer para resolver la confusión. Primero, tómese un par de días de descanso y vuelva a intentarlo más tarde cuando su mente esté abierta y su corazón listo. Cuando vea que los mismos signos o imágenes se repiten, entonces tendrá su respuesta. La segunda cosa es recurrir a su intuición. Aunque los signos son físicos, el mensaje sigue siendo de naturaleza psíquica, por lo que debe sentirlo y verlo. Si el patrón resuena dentro de su alma, entonces sabe que tiene su respuesta. Sin embargo, si no siente una conexión o una buena sensación sobre lo que está observando, entonces probablemente es solo una casualidad y puede ignorarlo, buscando en otra parte a que aparezca su señal.

Cómo comunicarse con sus guías espirituales

Cuando se trata de comunicarse con sus guías espirituales, el mejor enfoque es tratarlo como si estuviera desarrollando una relación con ellos. Cuando deja de lado los detalles, como la naturaleza de sus guías espirituales o el papel que juegan en su vida, lo que le queda es la dinámica de crear una relación fuerte, cariñosa e incluso amorosa. Por lo tanto, trate el proceso de crear una relación con sus guías espirituales de la misma manera que lo haría si estuvieras creando una relación con un ser querido. El primer paso es hablar con ellos regularmente. Aunque no los oiga responder al principio, hable con ellos tanto como pueda. No se dirija a ellos solo para pedirles ayuda cuando la necesite. Hable con ellos diariamente, dígales lo feliz que está de que estén allí, pregúnteles cómo va su día. Aunque esto parezca ridículo al principio, cuanto más hable con sus guías, más fuerte será su conexión. Esto significa que los oirá mejor cuando necesite pedirles ayuda, así que no se trata solo de divertirse, sino también de desarrollar ciertas habilidades vitales.

El siguiente paso es tomarse el tiempo para escuchar. Puede elegir meditar para sintonizar con sus guías espirituales, o puede simplemente hacer una pausa después de hacer una pregunta o una declaración para escuchar el mensaje que tienen en respuesta. Esta es una buena oportunidad para descubrir cómo sus guías espirituales eligen comunicarse con usted. Si es hábil con la clariaudiencia, entonces es probable que elijan hablarle, así que debe tomarse el tiempo de sentarte en un lugar tranquilo y escuchar su voz. Por otra parte, pueden ser el tipo de espíritus que usan señales para hacer llegar su mensaje. Si, por ejemplo, quiere saber el nombre de su ángel de la guarda, entonces después de hacer la pregunta, tómese el tiempo para escuchar. Si escucha un nombre que se le ocurre, siga la corriente, aunque sea decepcionante, al principio. No todo el mundo puede tener al Arcángel Miguel como guía. El suyo, de hecho, podría ser Bob o Sue. No sea esnob y desestime el nombre esperando que sea algo mejor.

Por otra parte, si no escucha un nombre, empiece a buscar uno. Busque nombres en carteles publicitarios, anuncios de televisión, carteles de restaurantes y similares. No busque en la guía telefónica un nombre que suene bien, deje que el nombre le llegue. Ese es el punto de escuchar, después de todo. Tenga fe en que su guía espiritual es lo suficientemente capaz de hacerle llegar un mensaje si se esfuerza por tratar de escuchar lo que tienen que decir. Usar la sincronicidad es una buena manera de confirmar el nombre que escuchó en su cabeza en el caso de que tuvieras una respuesta de audio. Por ejemplo, si escuchó el nombre de Rosa, entonces tómese el tiempo de buscar la confirmación a lo largo del día. Pida señales para confirmar el mensaje. Nunca se sabe, puede que reciba un ramo de rosas de la nada, reafirmando que escuchó el nombre de su guía espiritual alto y claro. Esto puede parecer inverosímil, e incluso tonto para quien comienza, pero cualquier persona con experiencia en la comunicación con guías espirituales le dirá que a menudo les encanta usar el humor, haciéndole sonreír mientras transmiten el mensaje que necesita escuchar. De hecho, puede pensar en ello como si estuvieran mostrando sus habilidades, o recompensándolo por sus esfuerzos con algo significativo y divertido.

Este método de preguntar y escuchar es el mismo método que usará tanto si le pide a sus guías espirituales su nombre como si lo orientan en la toma de una decisión importante. Sin embargo, cuando se trata de temas que tienen una cualidad de "sí o no" para ellos, puede recurrir al instinto. No es necesario que pase el día escuchando una voz que diga sí o no, ni que busque la primera respuesta que se presente a la vista. En lugar de eso, escuche a su corazón. Aquí es donde su comunicación psíquica tiene lugar de todos modos. Por lo tanto, si alguien le ofrece un trabajo, por ejemplo, aclare su mente, pregunte a sus guías si es el movimiento correcto, y luego sienta la respuesta. Si se siente elevado, incluso eufórico, entonces es que le dicen que vaya por ello. Por otra parte, si se siente ansioso o incluso una sensación de temor, entonces gentilmente decline la oferta, sabiendo que sus guías le han evitado futuras dificultades y dolor.

Formas de desarrollar la habilidad de comunicarse con sus guías espirituales

La última cosa que querrá hacer es fortalecer su habilidad para comunicarse con sus guías espirituales. Una vez más, una de las mejores formas de lograr este objetivo es practicar todos los días, al igual que lo haría cuando intenta mejorar cualquier otra habilidad psíquica o cualquier otra habilidad en lo absoluto. Cuanto más practique, mejor le irá, es realmente así de sencillo. Por lo tanto, comience hablando y escuchando a sus guías, haciendo preguntas simples y básicas, al principio, puede ser qué forma toman y cómo desean ser llamados. Cuanto más tiempo y esfuerzo dedique a hacer las preguntas fáciles, mejor preparado estará para abordar los temas más importantes.

Lo siguiente que tiene que hacer es llevar un diario. Esta es una práctica crítica en el desarrollo de cualquier habilidad psíquica. En este caso, querrá grabar todos los mensajes que reciba. Escribir el mensaje en sí, como un nombre o una respuesta a una pregunta. Luego escriba la forma que recibió el mensaje. ¿Lo escuchó, lo vio o lo soñó? No importa cómo le llegó, escríbalo. Por último, escriba si el mensaje resultó ser cierto o no. Al principio, encontrará que muchos de los mensajes que escucha son producto de sus pensamientos e imaginación. Lleva tiempo separar las voces de sus guías de los otros pensamientos e ideas en su cabeza. Es por eso que quiere llevar un diario. Eventualmente, se desarrollará un patrón, uno que muestre el método por el cual ha tenido más éxito. Por ejemplo, si sus sueños resultan ser acertados en cada ocasión, entonces concéntrese en sus sueños como su principal fuente de comunicación. Investigue la dinámica de los sueños y haga todo lo que pueda para ser el mejor cuando se trata de crear, experimentar y recordar sus sueños. Si las respuestas que escucha son las que resultan más precisas, entonces tómese el tiempo y el esfuerzo para desarrollar la clariaudiencia. Al final, use su diario como una herramienta de aprendizaje, una que le muestre lo que funciona mejor y lo que no. También puede usar su diario para ayudar a mantener un registro de las formas de desarrollar sus habilidades una vez que haya descubierto la forma de comunicación elegida por sus guías espirituales.

Finalmente, pida ayuda. Como en cualquier relación, ambas partes necesitan estar en la misma página. Si quiere saber cómo eligen comunicarse sus guías espirituales, pregúnteles. Esta debería ser una de las primeras preguntas que haga, si no la primera. Después de todo, solo cuando sepa cómo encontrar las respuestas tendrá sentido hacer cualquier otra pregunta. Una vez que sepa la forma de comunicación que prefieren sus guías, puede preguntarles qué necesita hacer para mejorar su capacidad de comunicación con ellos. Puede que encuentre un anuncio en la televisión que le sirva de inspiración, o que un cartel publicitario tenga una frase que le llame la atención. Al final, sus guías espirituales están ahí para ayudarle a tener éxito, así que no se lo pondrán difícil. Todo lo que necesita hacer es ser paciente consigo mismo, dándose tiempo para aprender sin frustrarse por los errores que comete. Siempre mantenga una mente abierta y nunca se rinda. Desarrollar una relación con los espíritus no siempre será fácil, aunque sea su don psíquico personal. Sin embargo, las recompensas que una relación de este tipo puede proporcionarle serán ilimitadas, por lo que el tiempo y el esfuerzo serán más valiosos de lo que pueda imaginar. Una vez que desarrolle una relación rica y significativa con sus guías espirituales, nunca más tendrá que enfrentarse a otro día solo. Y eso en sí mismo puede ser suficiente para cambiar su vida completamente, permitiéndole vivir la vida feliz, amorosa y satisfactoria que desea y merece.

Conclusión

Ahora que ha leído este libro, tiene todas las herramientas necesarias para identificar y desarrollar sus habilidades psíquicas personales. Tanto si es un sanador nato, un clarividente, o un médium capaz de canalizar los mensajes de las almas difuntas, puede empezar a perfeccionar sus habilidades para que pueda usarlas para vivir una vida de maravillas y propósitos incalculables. Además, siguiendo las instrucciones de la meditación y las prácticas generales para mejorar el bienestar mental y físico, mejorará su vida en todos los niveles. Esto ayudará a reducir su estrés, mejorar sus niveles de energía, y le proporcionará la paz mental que realmente merece. Finalmente, una vez que desarrolle la habilidad de limpiar su mente del desorden de la vida diaria, podrá acceder al mundo espiritual de maneras que nunca imaginó que fueran posibles. Ya sea viendo los acontecimientos antes de que se desarrollen, escuchando los pensamientos de un ser querido a kilómetros de distancia, o incluso hablando con guías espirituales, descubrirá habilidades y talentos que trascienden la realidad física, llevando su experiencia de vida a una dimensión completamente nueva. La mejor de las suertes para usted mientras se embarca en el viaje de exploración y desarrollo de sus habilidades psíquicas.

Vea más libros escritos por Mari Silva

Fuentes

https://psychicelements.com/blog/psychic-abilities/

https://www.keen.com/articles/psychic/psychic-intuitive-medium-whats-the-difference

https://www.aetherius.org.nz/develop-intuition-psychic-abilities/

https://www.amazon.com/Psychic-Development-Beginners-Naturally-Intuition-ebook/dp/B00YCBT838/ref=sr_1_5?keywords=psychic+development+for+beginners&qid=1572852362&sr=8-5

https://www.psychicgurus.org/5-fun-activities-for-psychic-development/

https://intuitivesoulsblog.com/develop-your-psychic-abilities/

https://www.psychicgurus.org/psychic-meditation/

https://www.psychicperformer.com/4-spiritual-practices-that-can-improve-your-psychic-connection/

https://www.amazon.com/Discover-Your-Psychic-Type-Developing/dp/0738712787/ref=sr_1_6?crid=136JF0LCTW3AN&keywords=developing+psychic+abilities&qid=1572989803&s=books&sprefix=developing+psychic+%2Caps%2C435&sr=1-6

https://www.annasayce.com/which-is-your-strongest-intuitive-gift/

https://www.psychologytoday.com/us/blog/debunking-myths-the-mind/201804/the-biology-telepathy

https://www.psychicgurus.org/how-to-read-minds-telepathically/

https://www.oprah.com/spirit/what-is-a-medium-rebecca-rosen

https://www.amandalinettemeder.com/blog/2014/12/23/7-steps-to-improve-your-mediumship-abilities

https://www.psychicgurus.org/psychometry/

https://www.gaia.com/article/how-to-see-auras

https://www.psychicgurus.org/psychic-healing/

https://www.psychokinesispowers.com/psychic-healing-techniques

https://www.ncbi.nlm.nih.gov/pmc/articles/PMC4107996/

https://intuitivesoulsblog.com/psychic-development-tip-2-meet-spirit-guides/

https://www.erinpavlina.com/blog/2006/11/connecting-with-spirit-guides/

https://www.huffpost.com/entry/encounters-with-psychics_n_56c4c530e4b0b40245c8b5b1

https://liveanddare.com/types-of-meditation/

https://www.annasayce.com/the-forgotten-clairs-clairgustance-and-clairsalience/

https://www.huffpost.com/entry/the-habits-of-highly-intu_n_4958778

https://www.heysigmund.com/9-ways-to-tap-into-your-intuition-and-why-youll-want-to/

https://www.bustle.com/p/11-ways-to-know-if-your-intuition-is-trying-to-tell-you-something-how-to-listen-38787

https://www.poweredbyintuition.com/2013/04/28/13-examples-of-intuition-in-everyday-life-from-top-creatives/

http://beyondiam.com/examples-of-intuition/

https://consciouslifenews.com/7-easy-ways-develop-telepathic-abilities/11103458/#

https://www.headspace.com/meditation/techniques

https://forums.forteana.org/index.php?threads/smoke-billets-pictures-from-the-other-side.52237/

https://www.amandalinettemeder.com/blog/the-4-main-types-of-mediumship

https://www.psychologytoday.com/us/blog/neuronarrative/201212/study-finds-the-unexpected-in-the-brains-spirit-mediums-0

https://www.color-meanings.com/spiritual-colors-the-difference-between-auras-and-chakras/

https://aura.net/chakras-auras-work-together/

https://www.psychics4today.com/how-to-see-auras/

https://www.gaia.com/article/what-is-a-spirit-guide

https://www.speakingtree.in/allslides/the-scientific-evidence-of-human-aura

https://gostica.com/aura-science/layers-of-the-aura/#:~:targetText=Energy%20body%20(or%20aura)%20has,and%20the%20immediate%20external%20environment.&targetText=Each%20layer%20or%20level%20is%20an%20energy%20field%20varying%20in%20vibration.